60代からの知力の保ち方

齋藤 孝

KADOKAWA

60代からの知力の保ち方

目次

はじめに

◆「老い」が変わった！

「四十、五十は洟垂《はなた》れ小僧、六十、七十は働き盛り、九十になって迎えが来たら、百まで待てと追い返せ」

生涯元気にやる気概を示す、面白い表現です。

この言葉は一般的に、新一万円札に肖像が使われた渋沢栄一《しぶさわえいいち》のものとされることが多いのですが、実際に似た言葉を残したのは渋沢と同時期に活躍していた実業家の安田善次郎《やすだぜんじろう》や大倉喜八郎《おおくらきはちろう》です。当時は都々逸《どどいつ》でも愛唱され、あまりに流行したので、「近代日本経済の父」と言われた渋沢の言葉にされたものと思われます。

渋沢自身は昭和六年に九十一歳の天寿を全うしましたが、この頃の男性の平均寿命は四十四・八歳（大正十五～昭和五年）でした。亡くなって百年近くたってみると、現在の状況を言い当てているような言葉です。

「老い」や「老後」という言葉はネガティブなインパクトが強いのですが、今やポップに、ポジティブにとらえる時代になったように思います。

最近の感覚からすると、六十、七十代を老人と呼ぶのはまだ早い気がするという方が多いのではないでしょうか。素直に老人と思えるのは、八十代以上という認識を持つ方が一般的かもしれません。将来的には、老人という言葉自体、死語になりそうです。

見た目も一昔前に比べたら、ずいぶん若々しくなっています。聞いて驚いたのですが、『サザエさん』一家の父親の磯野波平《いそのなみへい》は、五十四歳の設定です。その年齢で、老いの貫禄《かんろく》十分でした。掲載紙を替えながら『サザエさん』が新聞連載されていたのは一九七四年まで。定年が六十歳に義務化されたのは一九九八年のことで、それ以前は五十五歳が定年でした。

それからまだ三十年もたっていませんが、日本人は急速に平均寿命を延ばし、二〇二二年には男性八十一・〇五歳、女性八十七・〇九歳になりました。一九五五年には男性六十三・六〇歳、女性六十七・七五歳と男女ともに六十歳代だったことを思うと、現在がいかに長寿かがわかります。

日本は二〇〇七年に、六十五歳以上の割合が全人口の二十一パーセントを超えて、超高齢社会になりました（日本医師会生命倫理懇談会「超高齢社会と終末期医療」）。

海外の研究によると、この年に日本で生まれた子どもの約半数が百七歳より長く生きると推計されており、「人生百年時代」に突入しました。

二〇二五年には団塊の世代の人々すべてが七十五歳に達します。この時、全人口の約五人に一人が後期高齢者（七十五歳以上）、約三人に一人が六十五歳以上となります。雇用や医療、福祉などさまざまな分野に広い影響を及ぼす二〇二五年問題を控え、老いが新しい領域に入ってきたのです。

◆六十、七十代をなんと呼ぶ？

この新しい枠組みの中で、私たちは前人たちが経験したことのない「老い」に直面しています。老後だからと隠居している場合ではありません。

順天堂大学医学部の小林弘幸《こばやしひろゆき》教授は、人生百年時代の生き方について、「老後をやめる」ことを提案しています。

そのものずばりのタイトルの著書、『老後をやめる』（朝日新書）によると、お金や健康への心配や、孤独への怯《おび》えといった「老後不安」は、「老後をやめる」ことによって、おおむね解決できると言うのです。その方法として、生涯現役で働くことに加えて、趣味や勉強、創作、ボランティアなどに、生き生きと励むことも挙げています。

そうなりますと、現代の六十、七十代を指すのにしっくりくる呼び方がないことに気づきます。

四十代以降を指す「中高年」という呼び方もありますが、「高年」という言葉にはなじみがありません。しかも行政が使う言葉というイメージもあり、自分たちの世代を表す言葉としてはフィットしません。

「初老」はもともと四十歳くらいを指す言葉。「熟年」という言葉もありますが、「熟年離婚」という形で「離婚」とセットになって定着している感があり、寂しい気がします。

かつては「少壮老」という言い方もありました。

江戸《えど》時代の儒学者、佐藤一斎《さとういっさい》は、『言志四録《げんししろく》』で「少《しょう》にして学べば、則《すなわ》ち壮にして為《な》すこと有り。壮にして学べば、即ち老いて衰えず。老いて学べば、即ち死して朽ちず」と記していて、少壮老の三区分を説いています。

この区分で言うと「老年」は五十歳以降あたりですが、いずれにしろ古い時代の区分で、「老」の字が入ると、今や八十代をイメージしてしまいます。

従来の呼称との乖離《かいり》は、寿命の延びと社会構造の変化によって、老いの枠組みが変わっていることの証左です。新しい枠組みに合う、新たな呼び方はまだ確立されていません。

ひとまず、「プレ老い世代」と本書では呼びましょうか。

◆知力も身体と同様、鍛え方・保ち方がある

「プレ老い世代」に必要なのは、「知力」です。

知力が衰えなければ、自信と尊厳を保つことができます。

運動能力に置き換えて考えてみれば、わかりやすいでしょう。

例えば山登りを続けている人は、六十、七十代になっても、富士山《ふじさん》にだって登ろうと思えば登れるでしょうが、まったく登山経験がなかったら、登ろうと思っても無理があります。

知力もそれと同じことで、鍛え方があるのです。

人生百年時代に生きる私たちは、六十歳以降、まだ十年、二十年、あるいは三十年という時間があります。その土台作りとして、脳を活性化状態に置くトレー

ニングが必要です。

インターネットもない三十年前でしたら、本を読むに如《し》くことはなかったでしょう。現代はそれにとどまらず、情報総量が格段に増えていますから、インターネット、テレビ、書籍と、さまざまにアンテナを張りながら、自分をフレッシュな知と触れ合える状態に置いておくことが大切です。


知力の向上に当たって、まず問題となるのが、どうやって刺激を得るかです。ポイントは、「こんな世界があるんだ」という知的関心、「この世界をもっと知ってみたい」というワクワクした好奇心です。

みなさん小学生の頃は、そんな関心や好奇心を持っていたのではないでしょうか。

二〇二四年二月、女子中学生の小森日菜子《こもりひなこ》さんが、国立科学博物館に保管されていた剝製《はくせい》がニホンオオカミであることを同定したというニュースが流れました。彼女は小学生の頃から絶滅したニホンオオカミに興味を持ち、「ヤマイヌの一種」とされている剝製を見て、直感的にニホンオオカミだと思い、調べに調べて学術論文を発表したのです。

ニホンオオカミや絶滅した動物に興味を抱いていた女子中学生は、自分の直感を検証し証明することにワクワクしたでしょう。そういうワクワク感を、取り戻すのにプレ老い世代は誠にふさわしい時期です。


フリーアナウンサーの遠田《えんだ》恵子《けいこ》さんは大学院で老年学を専攻し、特に高齢者に人気があるラジオ番組「ラジオ深夜便」で、「わたし終《じま》いの極意」というコーナーを担当、魅力的な生き方をしている人生の先輩たちにインタビューしています。

遠田さんの講演を聞いた知人が、感動して教えてくれたことがあります。

番組に詩人の新川《しんかわ》和江《かずえ》さんが登場した時、新川さんのお知り合いの、やかんの専門家の話になったそうです。その方はもともと普通の主婦で、日々、どうしたら早くお湯を沸かせるかと考え、吹き出し口の形状ややかんの胴体のフォルムなどを研究して十年、ついに専門家になったという話でした。

これ自体も面白いのですが、遠田さんの話にはまだ先がありました。

このインタビューをした時、新川さんは八十代半ば。その新川さんが「私だって今日から新しいことを始めれば、十年後には専門家」とおっしゃったというのです。

この話をしてくれた知人は「もう歳だからなんて諦《あきら》めている場合じゃないんだ」と、自らを反省したと言うのです。

そう、知的好奇心があれば、知力は何歳からでも伸ばすことができるのです。

◆頭のコンディショニングとは

『なぜ働いていると本が読めなくなるのか』（三宅香帆著　集英社新書）という本が二〇二四年に発売され、話題になりました。三十、四十代は仕事で余裕がなく、読書から関心が薄れてしまい、学習不足に対する罪悪感を多くの人が持っていて、その潜在意識にタイトルが訴えたのでしょう。

家庭の形成や社会での地位の確立に邁進《まいしん》する壮年期には、経済の先行き不安も大きく、身の回りのことで手一杯なのが普通です。

しかし六十代にもなれば、もうそういった不安からはひと通り解放されている方が多いのではないでしょうか。

六十代こそ、もともと興味のあったことを掘り起こして挑戦してみたり、新しい世界を開拓したりするのに、ふさわしい時期なのです。そうやって生きる活力を獲得しながら、頭の働きをよい状態で保ち続ける。

これは、**スポーツで言うところの「コンディショニング」**です。

スポーツ界では、最高のパフォーマンスを行うために、身体と精神の調子を整える意味で、この言葉を使います。日常生活でコンディションのいい状態を続けると、不思議なことにそれが自分の平常運転のように思えてきます。

知力には様々な要素が関係しますが、大きく分ければ「身体性」と「人とのまじわり」、「学習」の三つが、必要不可欠です。その原動力が、ワクワクする気持ちなのです。

私が提案したいのは、**テンポの良い脳の状態を維持することです。**

知力の衰えは、まずスピードに表れます。回転速度が落ち、同じことに囚《とら》われるようになると、日々の興味関心も限定的になり、思い込みや偏見に支配されてゆきます。怒りっぽくなったり、頑固だったり、くどくなったり、いわゆる「老害」と言われる特徴に陥っていきます。

私は大学で教える際に、ストップウォッチを使って、十五秒以内にどれだけ要点をまとめて話ができるかに挑戦してもらいます。一定の時間内に話をまとめる練習をするだけでも、知力は鍛えられます。

頭の中で考えていることと、アウトプットする言葉のつながりがいいと、俄然《がぜん》知力が上がった感じがします。すると、自身の気持ちも軽くなってくるのです。

本書では、日々の生活の中で出来る知力の上げ方を、第一章から第五章にわたり提案します。

「知力なんて素質によるんじゃないの」と言う方もいらっしゃると思います。しかし、六十代以降の知力は、受験勉強とは違います。頭が生き生きと働いている実感が大切です。知力は保ち方次第です。

「そういえばこの一年、本をほとんど読んでいないな」という方は、やはり知力の足腰が弱っていると言わざるを得ません。もちろんこの本を読んでいる方は、その時点でかなりいい線をいっています！

◆脳、心、身体を連動させて、知力を伸ばす

脳の働きと、心および身体は連動しています。

「驚異《タウマゼイン》の情《こころ》こそ知恵を愛し求める者の情なのだ」、つまり「驚きは知ることの始まりである」と言ったのは古代ギリシャの哲学者、プラトンです。『テアイテトス』の中で、登場人物のソクラテスに語らせています。正確には哲学の始まりとして言った言葉ですが、いずれにしろ、知を愛することは驚きの感情に始まります。

現在の日本の学習指導要領では、「主体的・対話的で深い学び」が、大きな柱とされています。自分からまずやること、そして他の人と話をして、深い学びにしていくこと。

これはむしろ、プレ老い世代の方が、若い人よりも慣れている手法です。

例えば本を読む。読むだけでもトレーニングとして成立しているのですが、どういう読み方をしたか、自分がどう感じたか？　などを外に出すことで、そこで

得た学びが、初めて自分に深く定着していきます。

未読の人に中身を説明する、既読の人と論点を出し合う、X（旧ツイッター）などのSNSに感想を書くなど、手段はどんなことでも構いません。

テキストを読みながら三色ボールペンで言葉に線を引くことでも、読解速度が速まり、理解が深くなります。

私はこれを推奨し、『三色ボールペンで読む日本語』（KADOKAWA）という書籍に詳しく解説していますが、非常に大事だと思うところを赤、まあ大事なところを青、面白いところを緑で囲う読書法です。自分からアクティブに学ぶことで、定着率があがっていきますし、定着させる読み方が習慣になって行きます。

そういう狩猟的な、情報をこちらから捕まえに行く積極的な姿勢が、知力のベースとなるのです。誰かが何かしてくれることを待つのではなく、自分から学びを捕まえに行く。そして学んだことを自分の言葉で再現し、表現する。

ドイツの哲学者フリードリヒ・ヴィルヘルム・ニーチェは、著作『ツァラトゥストラ』（手塚富雄訳　中公文庫）で、**「獅子がまっしぐらに、獲物にとびかかるように、知識を熱望しているか」**と記しています。

自由な狩場が、六十歳にしてようやく目の前に開けたのです。
七十、八十、九十代と、ずっとこの世界が広がっていくと思うと、うれしくなってきませんか。
知力の手応《てごた》えははっきりしたものです。

知力の優れた人が発表したものに触れれば、知力の存在は具体性をもって感じとることができますので、第六章では知力を刺激する書籍を紹介します。

第一章　老いを自覚し始める六十代

◆不安や変化には、自分が慣れる

私は四十五歳の時、体調不良で一度倒れたことがあります。この頃の私は「週刊齋藤孝」と言っていいほどのペースで本を出していました。

自分は身体が丈夫だから、いくら仕事をしても大丈夫だという根拠のない自信があり、倒れた時は我ながら驚きました。しかも、一時は命が危ぶまれる瀬戸際まで行ったのです。過労死の一歩手前です。

それからは「これはいけない」と、一気に仕事量を減らしました。それまで予定でびっしり埋まっていたスケジュール帳に、余白が目立ってくる。やるべきことがなく手持無沙汰《てもちぶさた》なのは、非常に不安でした。

これは考えてみますと定年を迎えて直面する不安に似ています。ぽっかり心に穴が開いたような状態でした。

ところが、二カ月ほどたつと心に穴が開いたような状態にも慣れてきました。すると、それがプラスの効果を発揮して、「そういえば、若い頃はだらけることが得意だったな」と、自分でも忘れていたことを思い出させてくれたのです。

私は二十代のほとんどを大学院生として過ごしました。もちろん無給で、ひたすら研究をし、一日何の予定も充実感もなく、社会的な関係性からも遠ざけられていたのです。

そんな時代があったものですから、いきなり予定がなくなった状況を、もう仕方がないと一度割り切ると、不思議とあまり不安に思わなくなりました。

その後は、ペースに気をつけていたのですが、五十代にまた仕事量が増えてきました。六十歳をすぎて、再びペースダウンの必要性を感じました。

そして何をしたかというと、だらけたんです。

漫画喫茶に行って、漫画を読みました。漫画は昔から大好きだったのですが、四十代に入り、仕事が多忙になると、ゆっくり漫画を楽しむ気持ちを失ってしまいました。自分にはもう漫画を読む能力がなくなってしまったのか、今時の漫画は自分には面白くないのか、と考えることもありました。

ところが時間が出来て改めて読んでみたら、これが途轍《とてつ》もなく面白かったのです。映像化も相まって世間でも大ヒットとなった『マッシュル―MASHLE―』

（甲本一作　集英社）、『葬送のフリーレン』（山田鐘人原作・アベツカサ作画　小学館）、『呪術廻戦《じゅじゅつかいせん》』（芥見下々作　集英社）、『推しの子』（赤坂アカ原作・横槍メンゴ作画　集英社）など、話題になった作品に目を通すことができました。なんなら自分が大学で教えている学生より早く、新作漫画を知っているほどになりました。

改めて大量の漫画に浸って、気づいたことがあります。

漫画はまだ、言葉の力が生きている世界だということです。

描き込まれる知識レベルが、以前よりも格段と上がり、『ブルーロック』（金城宗幸原作・ノ村優介漫画　講談社）というサッカー漫画では、描かれる戦術が詳細になり、様々な個性を抱えたキャラクターの心情も細かく描き込まれています。

情報量も多く、展開の速い漫画を今の子どもたちは難なく読み解くのだから、非常に頭がいいと感じます。

だらけた結果、こんな現状分析ができました。

◆加齢は恐るるに足らず

私は四十五歳の時の病を機に、人より早い段階で、仕事上でもメンタルの上でもシフトチェンジをしたのです。はっきりした意識の変革でした。

会社に勤めている方は、定年に向かい年齢が進むにしたがって、不安が大きくなるケースが多いと思います。属していた組織がなくなる、仕事がなくなることによって、社会から重要視されなくなっていくことを恐れる気持ちは私もよくわかります。

しかし不安との闘いは消耗します。恐怖は具体的な何かが怖いという感情ですが、不安は恐怖と違って、漠然としています。不安を抱いた時にはまず、消耗を抑え、充実した感覚、安らいだ感覚が内側から湧いてくる状況に自分を置く、シフトチェンジが必要です。

基本となるのは、自分と折り合いをつけることです。若いうちは自分に無限の可能性も感じますし、社会の行き先も不透明ですから、折り合いをつけることは難しいでしょう。

しかし五十歳になれば、世の中がどういうものかわからない方は、少ないはずです。自分の能力や状態と社会をすり合わせ、折り合いをつけてきたはずです。

それが成熟ということですから、同じすり合わせが、定年という事態を前にしてもできないわけはありません。

定年も加齢も、恐るるに足らずなのです。

世界的に見て、日本は少子高齢化のトップランナーです。二〇二二年には出生数が八十万人を割り込みました。一方で二〇二四年九月に総務省が発表した人口推計によると、高齢化率（六十五歳以上人口）は、二十九・三パーセントと過去最高になりました。

すでに二〇二〇年の段階で、高齢化率は世界一です。

ロンドン・ビジネススクール教授のリンダ・グラットンとアンドリュー・スコットは、こうした日本の現状を踏まえ「過去のロールモデル（生き方のお手本となる人物）があまり役に立たない」（『ＬＩＦＥ　ＳＨＩＦＴ　１００年時代の人生戦略』池村千秋訳　東洋経済新報社）と、指摘しています。

他の国を参考にすることはなかなかできない状況で、私たちは自分たちのライフスタイルをこれから作っていかなければなりません。

◆お金のかからない楽しみ、一点豪華主義を覚える

老いに向かう不安とはなんでしょうか。すぐ思い浮かぶのは、経済と仕事に対する不安です。しかし、これは不安ではなく、懸案事項なので、比較的整理ができる分野です。

仮に収支決算がうまくいかなかったとしても、良寛《りょうかん》和尚、一休宗純《いっきゅうそうじゅん》の世界があります。私は小学生の頃この人たちの伝記を読んでからというもの、彼らの世界が大好きになりました。

良寛さんの歌集を見ますと、子どもたちとかくれんぼしたり、花を摘みに春の野に出たりしています。次の一首は手まりをついていて、春の日が暮れていくのを暮れなくてもよしと思う心情を表しています。

「この里に手まりつきつつ子供らと遊ぶ春日は暮れずともよし」

しみじみといいなと思います。他にも托鉢《たくはつ》に出ようとしたら手まりをつく子どもに会って、そのまま一緒に手まりをついて春の一日を過ごすという長歌もあります。なんともお金のかからない暮らしぶりです。

日本古来の和歌の世界では、花鳥風月、季節の移ろいを愛《め》で、花見、月見を楽しみました。日常の中に変化を見出し、それを愛でて共有する、豊かな感性がそこにあります。

作家の浅田次郎《あさだじろう》さんはエッセイ集『アジフライの正しい食べ方』（小学館）で、「今も昔も教養主義に拠って立つ日本人」として、貧しかった若い頃から現在に至るまで、次の言葉を心にとめているそうです。

「一に花。二に書物。三に食事」

「まず一輪の花を机上に飾り、次に書物を贖《あがな》い、余裕があれば腹を満たす」というのです。心を満たし、余裕を生むのはまず、たった一輪の花でいいのです。これが日本古来の知のありようでした。

花でなくても、小さなことでもこれがあればふっと心が満たされるという対象が見つかれば、一点豪華主義の出来上がりです。無駄な欲望が自然と萎《しぼ》み、足るを知ることが出来ます。

私は古本さえあれば、心豊かに過ごせます。日本で他に誰も読んでいないだろうなというような本を手にすると、知の豊かさを独占しているような境地になり、心躍ります。

◆競争から解放される

プレ老いには、見た目の問題がつきまといます。髪の毛が抜け、シワやシミが目立ってくると、加齢の事実をつきつけられますから、誰しも気持ちのいいものではありません。

しかし四十代ならまだしも、五十歳を超えると、自らの状態を客観視し受け入れる能力も培われているはずです。小学生時代から営々と続いたモテ競争や見た目のコンプレックスから解放されるのは、非常に喜ばしいことです。

若々しい見た目を維持したいという願望は、必ずしも悪いものではありません し、死を遠ざけていたいという人間の本質的な欲望の表れでもあります。

アイルランドの作家、オスカー・ワイルドに『ドリアン・グレイの肖像』(岩波文庫他)という小説があります。美青年、ドリアン・グレイは奔放に背徳の生活を続けますが、彼の美貌《びぼう》は衰えず、代わりに肖像画が醜く変貌していきます。ところが彼が死んだ時、その姿は——という展開で、誰にも避けられない衰え(＝死)について言及した名作です。

他者の目を意識し過ぎたアンチエイジングはいささか疲れますが、一方で見た目をまったく気にしなくなると、老いも進みます。

以前、寝たきりの女性に化粧をする介護の現場をリポートした番組を観ました。生きる気力を失っているその女性が、お化粧してもらうことでちょっと起き上がれるようになったんです。張り合いがもてたというか、お化粧することによって他者に向き合う気持ちが蘇《よみがえ》ったのだと思います。

老いの不安の根本には、死への不安がありますが、これは消そうと思って消えるものではありませんし、生命あるものは必ず死ぬ、と自覚するよりほかありません。

◆後悔は、手でバーンと払う

不安の侵蝕《しんしょく》は、二方向からやってきます。

一つは「後悔」。あの時こうすればよかった、あの時こうしなかったから今こんな目に遭っていると、今更どうしようもないことを繰り返し思い出すことは、現在を蝕《むしば》みます。食い止めるには、精神の技術が必要です。

「後悔の消化の仕方」を学生と考えたことがあります。高校時代に告白しておけばよかったとか、学生は学生なりに後悔を抱えていますが、これには向き合うことが必要です。

そこで後悔を形あるものと仮定して、目の前の机の上に出してみる。そして、「そんなのどっちでもいい！」と両手でバーンと払う練習をしてみました。

この動作には、一種のお祓《はら》いのような効果が秘められています。後悔を抱え続けても仕方ないということは、たいてい当事者もわかっているものです。

手で一気に払う動作と共に、自分に入りこんでくる後悔を捨てる。魔とか邪と同じように、心の持ちようの切り替えに、払う所作が意外と役立つのです。

やがて同じ記憶が、後悔から思い出に変わり、自分からそこに穏やかに浸れるようになっていけば、お祓いの成功です。

私は愚痴を吐き出すことは、精神衛生上、大変大事だと考えています。状況と関係なくポジティブな顔だけをしている人は怖いですし、いつもポジティブな顔をしていなければいけない社会というのは相当きつい。

愚痴には、凝り固まった思考をほぐす効能がありますし、うまく気持ちをほぐしてくれる人としゃべれば、気持ちの整理がつくものです。スナックはそういう場所の一つとして機能しています。犬や猫、ぬいぐるみに向かって心情を吐露する人もいます。毒は、内側に溜《た》めるよりも吐き出した方がはるかによいのです。

ただし、どんな場合でも長々話すと繰り返しになるだけですから、適度な時間を心がけ、切り替えのタイミングを意識する。それだけでも心の状態は整理されていきます。

テレビ番組は収録後に反省会をすることが多いのですが、黒柳徹子《くろやなぎてつこ》さんが司会を務める「徹子の部屋」は、反省会をしないそうです。

黒柳さんは、「お母さんの胎内に反省という言葉を置いてきた」と、よく自分を笑い飛ばしています。こういうふうに生きている人がいると、励まされます。

ちなみに私が「徹子の部屋」に出演した時は、後で写真と感謝の言葉が入った色紙を送っていただきました。

◆将来への不安から自由になる

もう一つ心を蝕むのは、「将来」への不安です。

定年が近づいてきて、あと何年だなと一抹の寂しさを感じるのは、後悔とは違います。「寂しさ」という感情は本来はしみじみした情感であり、**心を蝕むものではなく、変化への正常な反応なのです。**

この気持ちをきっかけに、新たな関係性を結んでいくプロセスの一部だと考えましょう。

『星の王子さま』で知られるフランスの作家、サン＝テグジュペリは、人生の宝というべきものについて、こう言っています。

「真の贅沢《ぜいたく》というものは、ただ一つしかない、それは人間関係の贅沢だ」

（サン＝テグジュペリ『人間の土地』堀口大學訳　新潮文庫）

人生が百年となってゆくと、私たちを支えるのは組織を離れたところにある人間関係です。すでに身近に麻雀《マージャン》仲間とかゴルフ仲間、カラオケ仲間がいれば、それだけでも幸いです。

会社を離れた人間関係を考えた時、一番の近道は、昔の関係性を掘り起こすことです。学生時代の友達とは何十年会っていなくとも、驚くほど距離を感じないものです。

出会いは、古ければ古いほど、通じ合うところがります。

先日、あるテレビ番組で倉田《くらた》真由美《まゆみ》さんと二十年ぶりくらいにご一緒しました。

『だめんず・うぉ〜か〜』を描いた漫画家さんで、二十年前に、『喫茶店で2時間もたない男とはつきあうな！』（集英社）という著書を共著で出し、楽しくお酒を飲んだりしたので、二十年たってもどこか気安く、あっさり打ち解けました。歴史を共有することは大事だな、と感じた瞬間でした。

還暦というのはとてもいい年頃で、誰が勉強できたかとか、誰が地位やお金を得たか、社会的能力に優れていたかなどといった世間的な尺度が一度、無意味化するタイミングです。フラットな関係が生まれるチャンスですから、そこにマウントを持ち込まない自制心があれば、きっと新しい関係が生まれるはずです。

老いを自覚し始めたら、注意しなければならないポイントは、社会的な肩書を引きずらないことです。

私は二十代後半から三十歳ごろ、市民大学で教えていたことがあります。地方公共団体が市民のために開設した講座で、受講者にはさまざまな年齢の方がいましたが、浮いてしまうのは、会社で元重役だった方とか、結構な役職についていた方でした。講座の目的に肩書は一切必要ありません。

嫌われていることを薄々感じ始めると、徐々にその武器が全く通用しないことに気づき、肩書自慢は鳴りを潜めていきます。

男性は、肩書なしのつき合いに安心できないメンタルの方が多いようです。そこには弱さも感じます。同じことは、社会進出が進んでいる女性にも今後起こりうることかもしれません。

学習の場は平等です。翻訳サークル、楽器の演奏、スポーツなど、六十代の自分が見えてきたあたりから、スイッチを切り変える準備を始めましょう。

先ほど述べた、定年を前にしたしみじみとした寂しさは、新しい生活と価値観へのスイッチなのです。

◆「だらけ」を肯定する

社会に期待されないことは、実はとても楽なことです。誰も見ていない、他者からの評価がないことほど、気持ちを楽にすることはありません。

会社員だった知り合いは、「会社は万病の元」と言って、いそいそと定年退社し、早速大学院に通い、家庭菜園も始め、生活をエンジョイしています。

「自分はもう必要とされていない」とネガティブに感じてしまう方は、「だらけ」の訓練が足りていないのです。

だらけの代表といえば、放浪の自由律俳人、種田山頭火《たねださんとうか》。だいたいこの人は暇人なのです。

「酔うてこほろぎと寝てゐたよ」

「まっすぐな道でさみしい」

「どうしようもないわたしが歩いてゐる」

私はEテレの教育番組「にほんごであそぼ」の総合指導をしていますが、山頭火の句を取り上げることがあります。幼児が暗唱するのもどうかなと思うものの、子どもたちが笑うのでつい使ってしまいます。

「蜘蛛は網張る私は私を肯定する」

蜘蛛は網を張るのが仕事なんだな、張ることで自己肯定しているようだと、その蜘蛛を見て、自分を自分で肯定する句です。

詩人、まど・みちおの作品にも、同じような視線があります。「アリ」という詩です。

「アリは
あんまり　小さいので
からだは　ないように見える

いのちだけが　はだかで
きらきらと
はたらいているように見える

ほんの　そっとでも
さわったら
火花が　とびちりそうに…」

（『まど・みちお詩集　ぞうさん』童話屋）

蟻が蟻であることはなんて素晴らしいんだ、命が内側から輝いているという詩です。象ではなく、蟻の命を見つめたところが秀逸です。ぴかぴか命が光っている感覚を味わった時に、自己肯定も生まれる。自分も命あるものだからそれを感じとれるのです。

小林一茶《こばやしいっさ》の俳句も、小さなものに対する感性がすぐれています。小さなものへの視線は、慰められると同時に、なにかこちらも励まされるものが秘められているのです。

◆「自分セレクト」で自分を知る

健康社会学者の河合薫《かわいかおる》さんは、著書『定年後からの孤独入門』（ＳＢ新書）で、「今こそ自己実現のスイッチを押すときだ」と言っています。自分がどうありたいか、どう生きたいかを決める価値観を「意志力」だと規定しています。そのうえでこう述べます。

「意志力とは自己認識であり、自分を知ることで具現化できる」

河合さんは自分を知る方法として、自分史を書くことをすすめています。

私は「自分セレクト」を挙げたいと思います。自分の好きなものを選ぶというある意味単純な方法ですが、これが案外自分を知ることにつながるのです。

『心を軽やかにする小林一茶名句百選』（致知出版社）という本を出したことがあ

りますが、百句を選ぶために、全集を横において約二万句を読みました。

百句から十句を選ぶのではなく、二万句から百句選ぶというところがミソです。採用確率は二〇〇分の一！　気分は藤原定家《ふじわらのていか》、百人一首《ひゃくにんいっしゅ》の編纂《へんさん》のようなものです。これほどの量から選んでいると、自ずと好みがはっきりわかります。一茶に詳しくなくても、大量の句を読むことで、自然と選句眼が養われるというものです。

また、月刊誌「文藝春秋」から、好きな昭和の歌謡曲を三曲選ぶというアンケートの依頼がきた際、私は大変悩みました。どれを入れたらいいか難しい選択を迫られ、迷った末に、「石狩挽歌《いしかりばんか》」「ヨイトマケの唄《うた》」「木綿のハンカチーフ」の三曲を選びました。

ドラマ性のあるものを選んで理由を書くうちに、私は自分がこんなに昭和歌謡が好きだったんだなと改めて気づかされました。

私は歌詞が好きなタイプなので、阿久悠《あくゆう》も入れたい、松本隆《まつもとたかし》さんも入れたいと思い悩み、いろいろな曲を聞き返したのですが、この時役立ったのが、ＹｏｕＴｕｂｅや、各音楽会社のサイトです。私はもともと一日二時間も費やすほど動画の視聴時間が長く、次から次へと見るのですが、この技を駆使することで、本当に貴重な音源にも出会いました。
スマホやiPadは、年齢がいった時のための〝魔法の板〟。大変役に立ちます。テクノロジーを忌避するのはもったいない。昔を懐かしむためにも有用な道具です。

名句を選ぶ、歌謡曲を選ぶことは、自分自身の感情と歴史を整理することにつながります。狭くなりがちな興味関心を、広く維持することにも役立ちます。

好きな本三冊、もしくは人生の恩師や先輩の言葉などでもいいのです。これまでの自分が試したことのない挑戦や、これまでの自分の掘り起こしにトライしてみてはいかがでしょうか。

◆文化に触れ、魂を活性化させる

学生に精神文化の継承というテーマで授業をしたことがあります。自分がどんな文化を継承し今に至るかを、二分の動画にまとめてもらいました。
文化が介在すると、自分のアイデンティティを確認しやすくなります。単なる自己紹介動画は押しなべて面白くありませんが、文化が入ると俄然輝き出します。柔道をやっていた学生は、講道館《こうどうかん》柔道を創設した嘉納治五郎《かのうじごろう》から始まって自分の試合映像で終わる自己紹介動画を作りました。

年中行事、和食、茶、花……。私たちの精神性を気づかぬところで支えているのが、文化の力です。**文化の力は知性、教養と言い換えることもできます。**

スポーツ選手が、シーズンオフに護摩行や滝行、禅寺で修行を体験するニュースを観たことがありませんか。自分が根づく土地に長く伝わる文化に触れると、魂が活性化し、自らをリフレッシュできるのです。

世阿弥《ぜあみ》が記した『風姿花伝《ふうしかでん》』にある、老木《おいき》の花の話は象徴的です。

「この頃よりは、大かた、せぬならでは手立《てだて》あるまじ。／『麒麟《きりん》も老いては駑馬《どば》に劣る』と申す事あり。さりながら、まことに得たらん能者《のうじゃ》ならば、物数《ものかず》はみなみな失《う》せて、善悪見どころは少なしとも、花は残るべし」

五十二歳で亡くなった観阿弥《かんあみ》が、死のわずか十五日前に駿河《するが》の国で舞う機会がありました。いつもは歳だから子の世阿弥に任せて、無理のない曲を演じるにとどめていた観阿弥ですが、この時ばかりは、芸の魅力が一層際立って見えたというのです。

「老木になるまで、花は散らで残りしなり」

芸が本物であるがゆえに、老体の身に花が残った。観阿弥が舞ったことにより、子の世阿弥に、精神文化の継承が行われたのです。

父・観阿弥の姿を見て世阿弥は自らに流れる精神文化の真髄を認め、覚悟を固めたのです。

◆六十代はアイデンティティが揺らぐとき

定年を迎える時期は、「アイデンティティ」の再確認をする時期でもあります。

アイデンティティ（存在証明）は、一九六〇年代に、アメリカの発達心理学者エリク・H・エリクソンが提唱した概念です。

「自分は何者であるか」は、その時々の課題を乗り越えながら獲得していくものです。青年期は誰しも思い悩み、アイデンティティを一度喪失する時期、モラトリアム期があり、その時期を乗り越えると、課題に立ち向かう力を得て、仕事を始めたり、家族を持ったりして、人間としての安定に向かいます。

プレ老い世代では、現職から離れることなど再び存在証明の不安から、自分のアイデンティティに思い迷うことになります。

社会的地位がある間は、「こういう者です」と名刺を身分証明書にできますが、拠《よ》るべき地位がなくなると、とたんにアイデンティティは揺らぎます。

アイデンティティは、自分の内側にだけある概念ではありません。人間が心理社会的（サイコ＝ソーシャル）な存在である以上、社会的関係の中にあるものです。

会社などに所属して社会の交わりの中にいる間は、自分の立ち位置が外から規定されており、アイデンティティの確立に悩むことも少なくなります。

こうしたアイデンティティ・クライシスともいうべき問題に直面した場合、キリスト教国など宗教に拠って立つ国では信仰が危機を支えるでしょう。

ハーバード大学教授、アーサー・C・ブルックスは、アメリカでの調査をもとに「中年の過渡期に入ると、宗教と精神性への関心が予想外に高まる人がたくさんいます」（『人生後半の戦略書』木村千里訳　SBクリエイティブ）と述べています。日本で精神性の拠りどころとなるものは、先ほどから述べているように、精神文化ということになります。

三十、四十代はむしろ、「個性」の発現のほうに苦慮された方が多いのではないでしょうか。
個性という概念が重視されるようになったのは、比較的最近のことです。

ドイツの詩人で作家でもあるヨハン・ペーター・エッカーマンは、ゲーテを崇拝し、晩年のゲーテと親しく語り合いました。エッカーマンの著作『ゲーテとの対話』（山下肇訳　岩波文庫）の中で、ゲーテは「**私は健全なものをクラシック、病的なものをロマンティクと呼びたい**」と言っています。

過去の遺産であるはずの文化（クラシック）を無視し、薄っぺらい独創性（ロマンティク、当時主流だったロマン主義）に重きをおくのは近代の病だと、鋭く指摘しているのです。

文化の継承の中で、個は自《おの》ずと磨かれていく、個性は結果的に身につくものです。

一九八五年、日本の教育現場では、個性を尊重し、伸ばすための、個性化教育が始まりました。しかし教育現場にいると、個性化教育を目指してきたこの四十年ほどの間に、人としての個性化がさほど進んでいる実感はありません。

画一的な教育で育ったはずの、私の祖父母たち明治人の方が、個が強かった印象があります。

◆自分を形作った精神の系譜を考える

自分と、これまで文化を培ってきた先人たちの間にどんなつながりがあるのだろうかと、立ち止まって考えてみるのに、六十代はふさわしい時期です。

いかに文化の存在が自分を支えてくれたかを痛感し、ありがたみさえ感じるはずです。

松尾芭蕉《まつおばしよう》辞世の句「旅に病んで夢は枯野をかけ廻《めぐ》る」は若い時はそう響きませんが、六十歳を過ぎると、また旅したいと願う気持ちが、痛切にわかるようになってきます。

死が近づいたことによってわかる、わび、さびの境地。

芭蕉一人を味方につけるだけで、精神世界はぐっと深まります。


大きな文化の流れを感じながら生きるのは、六十歳以降の醍醐味《だいごみ》です。

茶道でも華道でも、「道」とつく芸には、宗匠がいます。

茶道で言えば千利休《せんのりきゆう》。利休の精神文化を継承してきた伝統の潮流の中に自分が位置するという感覚は、「個性」という一種の幻覚から、自分を解き放つことでもあります。

芭蕉が創り上げた文化の尊さを、甘受しながら、俳句を作る。長い伝統を肌で味わいながら、歌舞伎を鑑賞する。

大きな存在の前で、自分が小さく感じられることは幸せなことです。

大学で教員採用の面接官を務める時に、私は「自分の精神の系譜となる人を三人挙げてください」と質問することがあります。これには戸惑う人が多く、三人出てこない場合もあり、こちらが驚いてしまいます。

自分の思想的系譜、自分を形成する三人を考えてみるのは、新しい老後を迎えるに当たり、意義深いことです。

実業家、渋沢栄一なら、きっと一人は孔子《こうし》を挙げるでしょう。

渋沢は江戸時代の生まれで、幼少から孔子の教えをまとめた『論語《ろんご》』になじんでいました。渋沢が七十六歳で出した『論語と算盤《そろばん》』には、自分が倫理的な指針を『論語』に恃《たの》んだ経緯が描かれています。

明治六（一八七三）年、当時勤めていた大蔵省を辞め実業界に足を踏み入れようとした際、渋沢は同僚から、君は金儲《かねもう》けに走るのかと言われます。そこで確かに自分は経済が重要だと思うから経済に行くが、精神的支柱に『論語』を置くと決めるのです。

渋沢は孔子を、うるさくない、結構ゆったりした先生だと言い、そこからまた勉強し直し、後に『論語講義』という大著を著しました。

◆死のことは考えない

『論語』には、死についてこうあります。

「未《いま》だ生を知らず、いずくんぞ死を知らん」

——生きていることがどういうことなのかもわからないのに、死についてなぜわかろうか——。死のことなど考える必要はない、と孔子は考えます。

最近、「口から音源」という言い方があります。ライブで歌うのに、まるでCD音源のように素晴らしい歌声が出ている歌手を称《たた》える表現です。

これに倣えば、孔子は「口から格言」です。

死を忘れるな、死を思え、を意味するラテン語の「メメント・モリ」も、死をめぐってよく耳にする言葉ですが、こちらはいつか死が訪れることを忘れずに、この世をしっかりと生きなさいという意味です。
孔子はさっぱりしており、死の影におびえる必要もないし、自分の死についてはは思うところもないとしています。得るところの多い考え方ではないでしょうか。

鎌倉《かまくら》時代、それまで貴族を対象にしていた仏教が、武士や庶民の間で大変な広がりを見せました。とりわけ、浸透したのは、ただひたすら念仏を唱え帰依すれば、救われて極楽浄土に往生できるという浄土教の教えです。浄土教は中国起源の教えで、法然《ほうねん》、親鸞《しんらん》が日本に広め、飢饉《ききん》に苦しみ、疫病が流行《はや》る中で、人々は、その教えにすがりました。

親鸞は、法然の説く念仏の教えに帰依し、熱心に学びました。帰依の覚悟をこう記しています。

「たとひ法然聖人《ほうねんしょうにん》にすかされまゐらせて、念仏《ねんぶつ》して地獄《じごく》におちたりとも、さらに後悔《こうかい》すべからず候《そうら》ふ」

（親鸞『歎異抄《たんにしょう》』）

たとえ法然上人に騙《だま》されて、地獄に落ちたとしても構わないというのです。そこまでの徹底度で信じると言い切り、この本気を以《もっ》て、阿弥陀《あみだ》仏に帰依するのが「他力本願」であろうと思います。仏のはからいにお任せするように、起きた事態を「何かのはからいなのだ」と考え、淡々と受け止める。

私は、「全力！脱力タイムズ」という番組に出演していますが、浄土教の教えは、全力脱力に通じる感じがします。

六十歳を超えますと、突然予期せぬ出来事に襲われても、これも何かのはからいではないかと受け止める方がよい心構えではないでしょうか。

経済アナリストの森永卓郎《もりながたくろう》さんは、大病をされた後、書いておかなければと、財務省の実態を暴いた『ザイム真理教』（三五館シンシャ）という本を出されました。

一度死に向き合った覚悟のもとで著しているので、迫力が違い、人間としての格がまた上がった印象があります。病に倒れるという何かのはからいがあって、より精悍《せいかん》になられたのかもしれません。

後半生は大きなものに自分をお任せするという気持ちでいれば、無駄な不安や焦りを払拭《ふっしょく》でき、結果として心身に良い効果をもたらすのではないでしょうか。

第二章　年齢は話し方に出る

◆テンポが話し方を決める

加齢による身体の変化にはあらがえません。白髪が増え、頭髪が抜けることもあるでしょう。シワやたるみ、シミが目立つようになり、猫背気味になるといった外見の変化に、私たちは敏感です。

『人は見た目が9割』（竹内一郎著　新潮新書）というタイトルの本がありましたが、老いという点では、私は声や話し方の方が大事だと思います。

初対面の方は声の調子、話し方によって、印象が変わってきます。年齢は話し方に出るのです。「話すスピードが遅い」「言葉が出にくい」「終わりがはっきりしない」。これが老いの三点セットです。話の趣旨がぼやける、聞いたことに答えていないなど、総合的な判断で「この人、ちょっと老いたな」と、周囲は感じるのです。

私はテレビ出演が多いので、そこで特殊な訓練をしていると言っていいでしょう。例えば番組では、ＣＭに切り替わる直前に五秒ほどのコメントを求められることがあります。緊張感漂う中で、言い間違いせず、言葉のセレクトも誤らずに、即座にバチッと決める。意識的な対応が要求されます。

大学の授業で人前に立ちますし、八十、九十分といった講演も、年間何本かこなします。滑らかに話している途中、あれなんだったっけと二秒止まるだけでも、聴いている側は何かおかしいと感じます。

若い頃から、私は澱《よど》みなく話すことを自分の特徴にしていこうと意識してきました。しゃべる速度は思考よりもずっと遅いからです。頭の回転に言葉がついていかないという感触は、文字にして文章を書く時にはっきりわかります。考えることが多すぎて、キーボードを打つ手が遅いと感じることがあります。

つまり、話していて言葉が出てこないのは、頭の回転が遅いということなのです。

◆話す速度は、頭の回転数に比例する

頭の回転数を上げると、話も必然的にスピーディーになります。

私は学生に、「今から一分で話してください」とテーマを指定し発表させることがあります。学生たちは話の前や間に「えーと」とか、「あー」という、無意味な言葉や口癖を挟みがちです。

次に「では、十五秒で話してください」とリクエストしてみます。内容に比べ、圧倒的に時間がないわけですから、速く話すしかない。テキパキ話す練習を続けると、十五秒という時間を長く感じられるようになります。

五秒で要旨を言うという指導も挟みます。「えーと」「あー」なんて言っている暇はありません。結論だけ言うことになります。

そこから逆に、十五秒、一分と時間を延ばしていく。そういう訓練を経ると、どれだけ無駄な言葉が多くて話し方が遅かったのか、いかに言葉のセレクトのスピードが遅いのか、わかるようになります。

テキパキ話すことがうまかったのは、私が教えた学生の中では、アナウンサーになった安住紳一郎《あずみしんいちろう》さんです。学生の頃から、単位時間当たりの意味の含有率が高かった。三十分話しても内容のある話を続けられた。特別な能力だと思います。

話すスピードを横軸に、意味の含有率を縦軸にして考えてみますと、スラスラ話すけれど、意味の含有率が低い方もいます。もたもたしていて意味がないのが最悪です。

意味があって、ゆっくり話すのは、声の低い方に許された話し方です。味わいがあって、じっくり話すことによっていい話をしている印象を高める、という技術はありますが、私は、ゆっくり話すことが宿命的に許されない体質です。声質が高いからです。味わいとは無縁な声の質なので、ゆっくり話すとおかしく聞こえます。スピードがある方が似合っているのです。

高めの声で速めに話す訓練をすると、口の回転も、頭と口の連動もよくなります。単語は店頭に並んでいる商品のように、取り出しなれているとすぐに出てくるようになります。

◆ストップウォッチで音読

ストップウォッチを使った練習をご紹介しましょう。ストップウォッチは自分の話のペースをチェックするのに有用です。アナウンサーはストップウォッチを使ってニュースを時間内に読み切れるかを、事前に確認しています。
話すスピードは先ほども言いましたように、頭の回転を左右します。
これは、脳のストレッチだと思ってください。身体の健康を気にするように、頭も訓練しましょう。

相手もいないのに一人で何かしゃべるのも負担だという方には、音読をおすすめします。

夏目《なつめ》漱石《そうせき》の『坊《ぼ》っちゃん』は、テンポのいい文章なので、音読すると勢いが出ます。やめるのがもったいなく感じてしまうほどで、十分、二十分やっても退屈しません。ポイントは、登場人物になりきって、お芝居をするように読むことです。そうすれば作者が文章に込めた生命力が、目覚めてくるはずです。

テキストは大きな活字のものを用意、一気に全部読む必要はありません。少しずつ、毎日続けてみることです。

芥川龍之介《あくたがわりゅうのすけ》『羅生門《らしょうもん》』、幸田露伴《こうだろはん》『五重塔《ごじゅうのとう》』、中島敦《なかじまあつし》『山月記《さんげつき》』、宮沢賢治《みやざわけんじ》『銀河鉄道の夜』、太宰治《だざいおさむ》『走れメロス』なども音読にふさわしい文章です。『平家《へいけ》物語』『歎異抄』『万葉集《まんようしゅう》』もいいと思います。

いわゆる古典は、長い年月生き残ってきた書ですから、普遍性があり、音読に適しています。

文豪の日本語が身体に刻まれ、語彙《ごい》力も高まるのが音読の良さです。**おしゃべりというのは自分の中にある語彙で話すので、インプットがないと語彙自体は増えません。**普段の会話はだいたい五百くらいの語彙ですんでしまいますが、何歳になっても新しい語彙が増えるのは楽しいものです。

名文が頭に入り、口の訓練にもなっていく。一挙両得です。

◆目と口がズレる速音読

私は速く音読することを「速音読」と言っていますが、速音読にすると頭が一層テキパキ動きます。

速く読もうとすると、目は今読んでいる箇所より先に行かなくてはいけません。抑揚も気にして意味が通るように読むためには、目で見ている内容と、今口にしている内容はちょっとずれるわけです。このズレがメタ的な意識を鍛えることにつながり、脳にいいのです。ここでいう「メタ的な意識」とは、今の自分を超えた意識という意味です。

例えばサッカーで言えば、自分が今いるところだけでなく、フィールド全体を俯瞰《ふかん》するようにとらえる選手の能力を「メタ・ビジョン」と言います。

もう一つ別のことを考えていられる脳を鍛えるには、速音読が最適です。

まず見開きページを、ストップウォッチを押して読む。つかえず読めるかどうか試していただいて、その秒数を記録します。一回、二回、三回とやっていきますと、たいていは三回目の方が速くなってきます。

ある一定量を、何分で読みきると決めるのもいいでしょう。

百人一首なら何首読めるかとか、松尾芭蕉の俳句を次々と読んでみるのも面白いと思います。二十四節気や睦月《むつき》、如月《きさらぎ》などの和風月名などを、十秒前後で言ってみるのも一つの方法です。陸上競技の練習にも似ていますが、実際に口に出すというところが最も大事です。私は速音読の本も書いていて、テキストも掲載していますので、参考にしてみてください。（『1分間速音読ドリル』他）

口周り、喉《のど》の筋肉が鍛えられ、誤嚥《ごえん》を防ぐ効果もあり、滑舌もよくなり、停滞を防ぎます。

一息をできるだけ長く、一ページをできるだけ少ない息継ぎで読みましょう。

ちょっと潜水のようですが、息を長くする呼吸法を身につけ、息が長くなると、言葉が、途切れ途切れになりません。途切れ途切れの話し方は、老いを強く感じさせるものです。

呼吸力は生命力です。

ヨガでは完全呼吸法という呼吸法があります。基本的な呼吸法の一つで、腹式呼吸で息を吸いこんだ後、ゆっくりゆっくり吐き、お臍《へそ》が背中につく、仰向《あおむ》けになっていたらお臍が床につくくらいなイメージで吐きながらお腹をへこませ、最後は「はーっ」と吐き切る。吐き切るのには、時間をかけます。

呼吸法については、第四章「身体を整え、可能性を広げる」で改めてご紹介したいと思いますが、私は高校時代から一息を長くすることについては意識的でした。授業中も密《ひそ》かに呼吸を長くしようと練習していたものです。

テニス部で団体戦をまかされていたので、試合で負けたくない。プレッシャーのかかる場面でも、常にメンタルをいい状態に整えておくために、脈拍を落とすと落ち着いていられるのではと考えたのです。

一分間の心拍数六十五回が平常時とすれば、五十回を切ればかなり落ち着くはずだと、トライを繰り返すうちに、呼吸法によって脈拍を変えることができるようになりました。

適度にゆっくり吐く呼吸法と、その呼吸に言葉を乗せて速くしゃべるのを両立させると、呼吸のコントロールができるようになり、精神的なブレが減っていくのがわかります。

◆長く息を吐いて言葉を乗せる

速く読むというと、頻繁に息を吸うのではと想像されると思いますが、これは違うのです。一息で三十秒ほどひっぱることを目標としてください。私は二分ほどかけて息を吐くことができます。長く息を吐きながら、言葉をベルトコンベアにどんどん乗せていく要領でしゃべると、途切れなく語ることができるようになります。

授業を受けていた学生から、「先生、頼むから息を吸ってください」と言われたことがあります。話を聞いていると、つられて息をするのを忘れてしまって、苦しくなると訴えられましたので、みなさんもこの点は気をつけていただきたいと思います。

歌うまＹｏｕＴｕｂｅｒのずまさんという方を、私はいつも歌が素晴らしいなあと思って観ていたんですが、ある時、テレビ番組でご一緒することがあり、歌うコツをうかがってみると、「息をあまり使わないこと」とおっしゃるんです。顔の前に紙を下げて歌っても、その紙がほとんど揺れないそうです。

声帯が振動すれば、必ずしも息をたくさん使わなくとも声が出せるのだとわかりました。一息吸っただけでたくさん言葉が出せるのが、燃費のいい音の出し方です。

◆骨伝導を使い、声を延ばす

一分間、速音読をして、今回は十回吸った、次は八回になった、というように、息をする回数を数えてみてください。

あくまで無理をせず、息を長くしてみてください。

講演の際に、河竹黙阿弥《かわたけもくあみ》の『弁天娘女男白浪《べんてんむすめめおのしらなみ》』にある名調子のセリフを、音読してみましょうと、聴衆に呼びかけることがあります。

「白浪五人男《しらなみごにんおとこ》」のうちの一人、弁天小僧《べんてんこぞう》の有名なセリフです。

「知らざあ言って聞かせやしょう。浜の真砂《まさご》と五右衛門《ごえもん》が、歌に残せし盗人《ぬすっと》の、種は尽きねえ七里ケ浜《しちりがはま》、その白浪《しらなみ》の夜働《よばたら》き、以前をいやあ江《え》の島《しま》で、年季勤めの児ケ淵《ちごがふち》。百味《ひゃくみ》講でちらす蒔銭《まきせん》を、当《あて》に小皿の一文子《いちもんこ》、百が二百と賽銭《さいせん》の、くすね銭せえだんだんに、悪事はのぼる上《かみ》の宮、岩本院《いわもといん》で講中《こうじゅう》の、枕探しも度重《たびかさな》り、お手長講《てながこう》の札付きに、とう〳〵島《とう》を追いだされ、それから若衆《わかしゅ》の美人局《つつもたせ》、こゝや彼処《かしこ》の寺島《てらじま》で、小耳に聞いた音羽屋《おとわや》の、似ぬ声色《こわいろ》で小ゆすりかたり、名さえ由縁《ゆかり》の弁天小僧菊之助《きくのすけ》たァ、おれがことだ」

最後の「おれがことだ」の語尾を、「おれがことだあー」と延ばしましょうと言って、何百人もで一斉に声を出すと、みなさん早々にくじけます。

私は一人で「だあー」と延々と続け、一種の芸のようになっているほどです。

この時、私はハミングに近い声の出し方をしています。

ハミングは、それほど息を使わずにずっと「ヴーン」と音が出せますが、唇を触れ合わせて、振動で頭蓋骨《ずがい》を震わせるような感じです。この呼気の使い方で、息を延ばしていくのです。

ハミングを教えるボイストレーナーの方によると、お風呂《ふろ》に入ると少し身体がゆるむので骨が振動しやすく音が響くということです。腹式呼吸で、骨を揺らすことを意識してください。もちろん鼻や口のあたりで「ヴーン」と音を出すんですが、振動を広げていくイメージをすると、これが呼吸の訓練になります。次第に響きの振動が面白くなって、長くハミングしていたくなります。途中でやめるとマッサージ機が終わってしまうようで、少々寂しかったりします。

この振動が骨伝導です。

ボイストレーナーの先生は小さい音でもコンサートホールの後ろまでしっかり届けられるのです。プロの声楽家は、身体で響きを作り出す。その際に、骨伝導を利用するのです。

自分の骨伝導が一番起きやすい音程を探します。低い音で響く方もいれば、高い音の方が響きやすい方もいます。

母音は「あー」が響くのか、「うー」「えー」の方が響くのかも、試してください。「いー」が一番響くという方はいないと思いますが、母音ではなく「ヴーン」とか「るー」「むー」が響きやすい場合もあります。

昔の人は、よく浪曲や詩吟をうなっていましたが、これもすごく響きます。和歌や漢詩を吟ずる詩吟の定番、「鞭声粛々《べんせいしゅくしゅく》」（頼山陽《らいさんよう》「不《ふ》識《しき》庵《あん》機《き》山《ざん》を撃つの図に題す」）を、詩吟サークルの学生さんに吟じてもらったところ、教室の窓にビンビンと震えがきていったん止めました。声が空気の振動だということが、実感できました。

プロではない、学生さんの詩吟でも、そこまで響くのです。カラオケで歌を歌う時も、呼吸力を意識して息継ぎを少なく、あるいはささやかにしてみましょう。

私は浜田省吾《はまだしょうご》さんの「Ｍｏｎｅｙ」という曲を、カラオケでよく歌います。別段歌がうまいわけではありませんが、ただ前奏と間奏、終わりの演奏の間中、「マネー」と一息でずっと延ばし続けます。必ず歌う十八番のようなものですが、呼吸が長く続くと、内側からパワーが出て自信が湧いてきます。

声は使わないと、細って低くなっていきます。野球で投げたボールが、失速して落ちてしまうことを「お辞儀する」と言いますね。しゃべり方もボソボソすると、声がお辞儀してしまっている感じになります。

電話をしていても、声でだいたい何歳くらいの人か想像がつくことがあります。外見が若く見えても、しゃべったら「ああ、お歳だな」とわかることがあります。

歌手の方でも、鍛えていないと声が老いる。

人前で話す仕事をしている人は、高めの声で話すことに慣れているので、声の老いは少ないのです。

声を延ばすために、ちょっと高めの音域の曲を歌うことも、効果があります。カラオケでも結構ですが、ＹｏｕＴｕｂｅやＣＤに合わせて歌うだけでもよいのです。

◆覇気ある声を意識する

第一声で声が澱《よど》んでいると、テンション低いなという印象を与えます。覇気は表情にも出ますが、特に声に表れます。

高校時代、漢文の授業で「覇者の条件」を書くという課題が出たことがあります。司馬遷《しばせん》の『史記』に覇者の概念が出てくるのですが、私の思う「覇者」は、思考の強さが外に表れて、影響を与える人です。

思考のエネルギーが覇者その人の身体を通して、他者に感知される。肉体的なパワーは、非常に雄弁です。

張りのある声、覇気ある話し方もエネルギーの表出です。

特にスポーツの監督には、覇気がないと困ります。バスケットボール日本代表の監督をされているトム・ホーバスさんの話し方はとても勢いがあります。アメリカの方ですが、日本語も堪能で、闘魂が表れています。

自分の声を意識し、人が話す声を聞くと、覇気のあるなしがわかるようになります。それがわかるようになると、なぜか自然と自分にも覇気の感覚が出てくるのですが、意識しないと心身も澱んでいきます。

テレビで「この方、実は九十歳なんです」と紹介されている人の驚くポイントは、たいていしゃべり方にあります。声に張りがあって、澱みなく言葉がスラスラ出てくる。顔のシワなど関係ないのです。

声と話し方のトレーニングが、若さの印象には役に立ちます。

◆手渡しするように声を届ける

若者にはテンポのよさがあります。

卓球のラリーを思い浮かべてください。相手が上手《うま》く、速いテンポで球を打ち返してくれれば、つられて自分も速く打とうとします。若者に囲まれたら、テンポが速くなる。いい影響があります。

しかし、大学で多くの学生を指導していますと、話し方が遅く、また相手に届かない話し方をする学生がいます。

私が教えているのは、将来教師を目指す学生たちのクラスです。教師は教室でみんなに声が届かないといけません。

演出家の竹内敏晴《たけうちとしはる》さんは、「呼びかけのレッスン」をしていました。

みんなにばらばらになって後ろを向いてもらい、そこに声をかける。

一番遠いところにいる人に声をかけると決め、山で「やっほー」と叫ぶときのような声の出し方で「おーい」と呼びかける。

徐々に近い人に声をかけていくと、「おーい」が「おい」になっていきます。

呼びかけられたと感じた人に、手を挙げてもらいます。自分の背中に声が当たったと感じるイメージで、声が届くのです。

人混みで、ズボンのポケットからスマホを落とした男性が気づかず、歩き去っていきました。慌ててその人の背中に向かって「お兄さん！」と呼びかけると、周囲にたくさん人がいる中で、その人だけがパッとふり向いたことがあります。

他者に声をかけるときには、特定の相手に届かせようと意識して発話することが大事なのです。

竹内さんのレッスンは、「からだとことばのレッスン」「竹内レッスン」と呼ばれます。私はそのレッスンに参加し、自分勝手に言葉を発するのではなく、相手が受け取ることを前提に手渡しするように言葉を届ける、という練習をしました。

こういう訓練を続けることによって、声の張りが保たれるのです。

◆理想は長嶋茂雄の話し方

つっけんどんで投げ出すような話し方、繰り言は、人に無関心で自分にしか興味が向いていないという印象を抱かれがちです。

最近は内向的な人を「陰キャ」、積極的な人を「陽キャ」という言い方をします。実際は、キャラクターはさして問題ではないのです。気質的におとなしいということ自体は問題ではない。ただある程度の年齢になって、陰のエネルギーを出さないように努めるのがマナーというものです。

プロ野球で一時代を築いた長嶋茂雄《ながしましげお》さんは、誰にも大変好かれる方でした。陽のエネルギーがあって、甲高いしゃべり方は、みなが真似しました。Ｙｏｕｔｕｂｅには、王貞治《おうさだはる》さんと長嶋さんの対談の動画がありますが、長嶋さんを物真似でしか知らない若い世代は、実際に彼が朗らかな話し方をすることに驚くようです。

長嶋さんのトーンは高めで明るく、優しめです。「トーン＆マナー」の「トーン」はイメージの統一感、「マナー」はイメージの統一感を保つためのルール、という意味です。口調はソフトで、テンポがよく明るい。この三点セットがあれば、朗らかに感じられ、さわやかで、若々しい感じになり、機嫌がいい人だと受け止められます。

自分の機嫌で、他人に悪い影響を与えない、という配慮は、歳をとるほど必要です。

ラフカディオ・ハーンは、日本人が浮かべる微笑について、「入念に、長い年月のあいだに洗練された一つの作法」（『日本人の微笑』）だと記しています。

上機嫌であることは、コミュニケーションを円滑にさせる手段として、とても重要です。誰が不機嫌な人とわざわざ話したいと思うでしょうか。

外に陰の感情を出さずに、トーンを整えましょう。

誰しも気分が落ち込むことはありますが、その状態で人に接することは避けましょう。そういう時は軽くジャンプしてみたり、手足を温めたり、身体をゆるめてみてください。

身体をこわばった状態から解放すると、自然と気分も上がってきます。

せっかちだったり、頑固だったりと、人の話を聞かない人は若い人たちの中にもいるものですが、年齢がいくとタイプによらず、押しなべて人の話を聞かなくなる傾向があるようです。長い間話していても、一度も質問してこない人もいます。

質問がないのは、他者に対する関心を失っているからです。

話すきっかけや、話題に困った時には、質問をしてみることが大事です。歳をとると、「聞いてはいけないこと」が増えるのも事実ですが、まずは、相手の関心のある領域に目を向け、その話題を持ち出すことです。大谷翔平《おおたにしょうへい》選手を好きな人は多いですから、「最近、試合観てますか」と尋ねれば、喜んで話を始めてくれるかもしれません。

推し活をしている人であれば、その様子を聞くのもいいでしょう。

相手の関心事を考え、相手が話したくなるようなことを聞くのです。話を聞いて得る共感を楽しみましょう。

◆「ほめる／ほめられる」で気分アップ

日常生活でほめる／ほめられる機会は、少なすぎるようです。ほめることは贈答品のようなもので、自分だけ贈り物をして返ってこないと、公平感を抱けず、だんだん馬鹿らしくなってしまいます。

ほめること、ほめられることを意識して行うワークがあります。

四人一組、グループになって雑談してもらい、「自慢になる話を五秒で順番にしてください」とテーマを出します。自慢話は長いと嫌われますが、五秒なら許せます。小学生の時、けん玉が上手かったなど、小さな成功体験や持ち物自慢でいい。聞いている人たちはまっすぐにほめるルールです。

これを順々に回していくと、簡単に盛り上がり、信じられないくらい笑いが生まれます。

公平に順番で回るシステムです。普段は自慢してはいけないと自制をしている方が多いので、小さな自慢をしてほめられるとアドレナリンやドーパミンが出る。ほめられる快感は大変強いものです。ほめてくれる相手のことはめったに嫌いになれませんから、相手が自慢した場合にも自然にほめることができます。

必要なのは、ほめどころを探そうという意思、どこをほめればいいかを探す観察力です。相手の立場や自分との関係性を考え、言葉を選びましょう。

すべての人を同じ言葉でほめるなどという横着をしてはいけません。

実際にあなたは、人をほめていますか。日本人は謙虚さや辛抱強さを美徳としがちですから、ほめるのに照れがあるかもしれません。

しかしほめられれば、今までお話ししたように悪い気がする人はいないものです。


これはオンライン飲み会などで役に立つスキルの一つです。

新型コロナウイルス感染症のもたらした新しい習慣に、オンライン飲み会があります。リアルな酒場と違って、一斉に話し出すことには向いていません。オンラインの場では一人がしゃべり始めたら、他の人は黙って聞くことになります。

この時、重要なのは「裏回し」的な役割です。司会者然とはしていないけれど、しゃべっていない人がいたら話をふるなど、気配りをする人がいると、場の盛り上がりが変わります。

転校生がきたら気にかけるように、一人でぽつんとしている人を放っておかずに話をふりましょう。

小学生に聞いた話ですが、転校した初日にいきなりあるクラスメートの家に招かれたことで、クラスの人たちと一気に仲良くなれたということでした。聞けば招いた子は、転校生がいれば、必ずその日のうちに招くと決めていたそうです。

昭和三十、四十年代ごろはそれなりに声がけが健在だったのですが、今は少しパーソナルスペースを取りすぎ、配慮をしすぎているようです。迷惑をかけたくない、迷惑をかけられたくないという慎重さと臆病《おくびょう》さが、浸透した時代なのかもしれませんが、ささやかな気配りは、いつの時代もコミュニケーションを円滑にする大きな技術です。

◆コミュニケーション筋を鍛える

一般的に女性の会話力は相当高く、複数の人が同時に話しても会話は成立し、進んでいます。話が多少とっ散らかっても、声が被《かぶ》っても平気です。

次々とテンポよく話し、餅つきの合いの手の要領でサッササッサと相づちを打ちます。

相づちは、会話を弾ませる重要な手段です。

「えー!」と驚いたり、うんうんとうなずいたりすることは、会話の潤滑油になりますし、温泉の話題になれば、「温泉に?」と相手の言葉を受けオウム返しをするのも、会話のテンポに寄与します。

リアクションを大きくとるのも、会話を盛り上げます。瞬時に笑ったりツッコミを入れたり反応すれば、相手は話しやすくなりますし、一緒にいて楽しいと思ってくれるでしょう。

誰とも口を利かないでいると、〝コミュニケーション筋《きん》〟とでも言うべき筋肉が、みるみる衰えます。私の実感では、三日で相当衰えます。

新型コロナウイルス感染症で、外出を控えたりした時、久しぶりに人と対面してしゃべると、口が上手く回らないという経験をした人は多いと思います。

出かける前に、アナウンサーの方々が本番前に行うようなルーティンを持つといいと思います。まずは身体をほぐし、「あー」と声を出す、「あ、い、う、え、お」と口を大きく開けて言ってみる。口周り、喉の筋肉も、少しずつほぐれます。

ちょっとした雑談も、コミュニケーション筋の衰えを防いでくれます。道で出会ったご近所さんや、顔なじみになった店員さんなど、一日三人と雑談すると決め、習慣化する挑戦をしてみてください。いつの間にか、人と話す億劫《おっくう》さも薄れていきます。

雑談のルールをざっと紹介します。

雑談はほんの二、三分で構いません。エレベーターで乗り合わせた者同士、一分にも満たない間の雑談でいいのです。

雑談力は、「挨拶《あいさつ》＋α」です。

意味のない他愛のない定型の話題でよく、結論はいりません。挨拶に加えてちょっと話す。「では」「おやすみなさい」などと挨拶して、さくっと終了する。

まずは顔見知りから始めて訓練すれば、相手が誰でもできるようになります。

話術ではなく、会話によって場の空気を生み出す技術です。人づき合いに近く、人柄や人間力がものをいいます。

流暢《りゅうちょう》でなくても、朴訥《ぼくとつ》な口調でも成立しますので、ご安心ください。

◆相手を肯定する笑顔

笑顔は、相手の存在を肯定します。

中高年が五百人ほど集まる講演会では、たいてい男性が澱みがちであまり笑わないので、ステージから見ていると聴衆の空気が重い感じがします。話を聞くにはリラックスしていた方が集中しやすいし、こちらも話しやすいのです。そこで聴衆の重さを取るために、軽くその場でジャンプしてもらったりします。

男女の区別は今の時代、注意が必要ですが、現実問題として男女のリアクションには差があります。

女性の聴衆は、最初から仕上がっている感じで、何気ないところでも笑ってくださる。「箸《はし》が転んでもおかしい年頃」とは思春期のことを言いますが、女性は年齢に関係なく、よく笑います。

笑いは、大事な老い対策です。笑える身体は柔らかいのです。男性に、普段から微笑んでいるような表情を提案しても、なかなかできません。ほぐれてくると、ちょっと微笑んでいるくらいの方が自分も気分がいいと気がつくのです。

四十五歳が境目のような気がしますが、**男性は普通にしていても不機嫌そうに見えがちです。**男性の宿命と言ってもいいかもしれません。意味もなく微笑んでいるくらいで、ちょうどいいのです。

私は犬が好きで、スマホの待ち受けは愛犬です。犬猫動画はつい観てしまい、観ると自然と微笑んでいます。その状態が、人間がほぐれている状態です。

お笑いも好きで、プロデューサーの佐久間《さくま》宣行《のぶゆき》さんが企画している「NOBROCK TV」（YouTube）などをよく観ています。電車で観ると吹き出してしまって危険ですが、自分を笑顔にしてくれる動画を用意しておくのも、いい心がけかと思います。

◆深い話し方を手に入れる

さて、もう一段進んで深い話をするということについて考えてみたいと思います。

通り一遍の話にしないためには、まず話を展開する力「展開力」が必要です。次に核心をつかんでいる「本質把握力」が求められます。最後に「具体化力」があれば相手の心に届かせることができます。

「展開力」は情報力、知識力とも言えますが、話を展開するにはある程度の情報量が必要です。

情報を集める時の注意点は、一方向だけの情報ではなく賛同する立場、反対する立場など多角的な視点を意識することです。そして、それらを練る作業をします。いったん自分の中に溜《た》めて発酵するのを待ちます。

みなさんは長年仕事をしてきた中で、ひらめいたアイデアをしばらく頭の中においてあれこれ検討しつつ、醸成させたという経験があるのではないでしょうか。それと同じイメージです。

話に深さが出る王道は、教養を身につけることです。歴史を始めとしたさまざまな知識、古典に対する造詣の深さは「教養力」と言えます。

次に「本質把握力」ですが、これがないと的外れな話になってしまいます。今この場で求められているものは何か、情報を持っていれば話はできますが、さらに思考を深めることが必要です。

例えば安楽死について、どう考えますか。重い病にかかっているなどそれぞれの事情や、諸外国の例、現場の実情について触れながら自分の意見を言うことはできます。ここからさらに進んで、命をどうとらえるかまで考えを及ばせれば深い話ができるのです。

具体的で本質的な部分に深さがあります。しかし「深さ」の感覚を知らなければ、その本質までたどり着きません。

深さの感覚を磨くには芸術、文化が役立ちます。例えば俳句です。たった十七音に込められた思いの深さを味わえます。鑑賞するだけでもいいのですが、自分で作ることもおすすめです。なぜなら、句作はものを見つめる観察力、物事の本質を見抜く洞察力を総動員する必要があるからです。

最後の「具体化力」は、エピソード力です。抽象論で終わらせないためのポイントです。小説や漫画、映画でも、本質は細部に宿っているものです。読んだり観たりした後の感動を人に伝えるのに、エピソードと共に説明すると、一層わかってもらえることが多いのです。

深い話を生むエピソードを探しやすいのは、自分の体験です。特にそれによっていかに自分が変容したかという話は、深い印象を与えます。体験というのは、これまで出会った人たちとのエピソードも含みます。人間の行動は何かしらの判断によって決まりますが、感心した「判断力」があるはずです。こうしたエピソードを探してはいかがでしょうか。

◆聞く力は、知的好奇心そのもの

主に話す側としての技術について考えてきましたが、もう一つ大切な要素は、聞く力です。

コミュニケーションの基本は、話すより聞く方が先です。赤ん坊は人の話を聞きながら、言葉を覚えるものです。

質問をすることをおすすめしたのはそのためです。相づちも、話を聞く時の技術の一つです。

さらに聞き上手になると、話している人の言葉の端々やしゃべり方から、その人の蓄積してきた経験や知識を推測できるようになります。

聞き上手の特徴は、聞いた話を再生するくらいの心構えで、真剣に耳を傾けているのです。人の話を聞いているうちに触発されて、何か別のことを思いつきます。それを質問し、意見を述べると、会話が豊かになり、実のあるものになっていきます。

頭の中でメモを取りながら、話を聞くのです。

聞き上手の人は、広い知識を持っています。教養力があるということです。流行りものから歴史、文学、社会情勢まで頭にインプットされていて、人の話に反応できるのです。反応があれば、話す方の意欲が高まります。

聞く力は、知的好奇心のあるなしに左右されます。

流行りの漫画の話をしようと思っても、聞き手が「何それ？」という態度だと、話し手は話を続ける気持ちがそがれます。あいにく知識は持っていなくても、「へえ、面白そう」と興味を示せればいいのです。

知力と聞く力はセットになっています。

第三章　脳の習慣をリセットする

◆六十代からの自分を作り直す

作家の林真理子さんは、先輩作家の田辺聖子さんから、こんなことを教わったそうです。

「女は六十歳からよ。六十を過ぎてから、すごく自由になってくる。体力は落ちるけど、『こんな可能性もある』『こんな考え方もある』と、視野が広がるから生きやすくなるのよ」

(林真理子著『成熟スイッチ』講談社現代新書)

この言葉を聞いた林さんは、「還暦を迎えた時もどんなに心強かったことでしょう」と書いています。

田辺さんの言葉は、女性に限らない教えです。自由になって、視野が広がるのです。若い頃からの思考や脳の癖にとらわれている場合ではありません。これまでになかった世界が待っているのですから、ワクワクしかありません。

それでなくとも寿命が延び、構造変化の勢いが激しい時代、心の構えも新たに組み替える必要がありますが、特に意識的に組み替える時期が、還暦、すなわち六十歳なのです。お子さんがいたとしても独立する頃合いでしょう。

この時点で今後の自分を作ることは、まったく新しい家を建てる感覚ではなく、ひと通りの社会経験と下地がある年齢ですから、リフォームに近い感覚です。
十、二十代が自己形成の時期と考えれば、五十、六十代はルネッサンス、リボーンの時期です。
十干と十二支が組み合わさった干支《えと》が一めぐりし、赤ん坊に戻るため赤いちゃんちゃんこを着る、還暦はまさに、二めぐり目の人生、生まれ変わる時期なのです。

一回まっさらになる、更地感覚を持つ。今まで背負っていた責任や競争意識をいったん手放してみましょう。

ルネッサンスとは、キリスト教の影響が大きかった一四世紀末から一六世紀初めにかけて、ヨーロッパで起きた文芸復興運動です。

古代ギリシャ、ローマ時代の生命を謳歌《おうか》する視点を取り戻そうと文化が花開きました。ルネッサンスという言葉は、六十代という復興期にふさわしく、新しい風を吹かせる時なのです。

◆「無形資産」としての新しい風

寿命が延びれば、働く必要が生じて、お金と仕事が懸案事項となります。しかし、先に紹介したロンドン・ビジネススクール教授のリンダ・グラットンとアンドリュー・スコットは、「お金と仕事の面だけを見ていては、人間の本質を無視することになる。長寿がもたらす恩恵は、基本的にはもっと目に見えないものだ」（『ＬＩＦＥ　ＳＨＩＦＴ　１００年時代の人生戦略』）と言い、それらを「無形資産」と言っています。

「無形資産」として、次の三つを挙げています。

「１　一つ目は生産性資産。人が仕事で生産性を高めて成功し、所得を増やすのに役立つ要素のことだ。スキルと知識が主たる構成要素であることは言うまでもないが、ほかにもさまざまな要素が含まれる。
2　二つ目は活力資産。大雑把に言うと、肉体的・精神的な健康と幸福のことだ。健康、友人関係、パートナーやその他の家族との良好な関係などが該当する。（後略）
3　最後は変身資産。100年ライフを生きる人たちは、その過程で大きな変化を経験し、多くの変身を遂げることになる。そのために必要な資産が変身資産だ。自分についてよく知っていること、多様性に富んだ人的ネットワークをもっていること、新しい経験に対して開かれた姿勢をもっていることなどが含まれる。（後略）」

この第三章「脳の習慣をリセットする」で取り上げたいのは、3でいう「変身資産」をいかに獲得するかです。先ほど「リフォーム」あるいは「ルネッサンス」と言いましたが、いかに自己変容して自分を開き、新しい風を吹かせるかについて考えていきたいと思います。

◆まずは「昔取った杵柄」でDIY

家のリフォームでは、DIY（Do It Yourself）もするでしょうが、人生のDIYの一番手軽な技は、「昔取った杵柄《きねづか》」を取り戻すことです。

子どもの時に好きだったことを思い出し、手持ちの道具を使って、時には新たなものを加えながら、ブリコラージュ（器用仕事）していくのです。

「器用仕事」とは、ありあわせのもので上手に仕事をする意味で、フランスの文化人類学者、レヴィ＝ストロースが紹介した知恵の使い方です。

私は中高を通じてテニス部でした。ここ二十年ほどは遠ざかっていたのですが、週一、二回程度のペースで再開したところ、徐々に身体感覚が戻ってくるのがわかりました。

経験したことは覚えているものです。体力、技術だけでなく、運動をする気分も戻ってきました。私は今、六十四歳です。今、この程度プレイできるなら、八十歳くらいまではテニスを続けることができそうだという感触も得ました。

楽器を演奏していた方は、過去に演奏していた楽器でも新しい楽器でも、昔上手だったことに再チャレンジすると、体力や技術を取り戻すことができ、自信がつきます。

部活感覚は、〝放課後の時間〟がかなり長い六十代には、ふさわしいかもしれません。中高生の頃から部活になじんだ日本人には、かなりフィットする感覚だと思います。

小学生時代にはまっていた漫画を、大人買いしたことはありませんか。私は『天才バカボン』（赤塚不二夫作）を全巻手に入れ、あの頃はこれで笑っていたなあなんて、小学校時代の感覚を取り戻しました。

こんなことも自分を見つめ直すよすがになります。

◆過去の知識や技術は上達の早道

あり余る時間をどう退屈せず過ごすか。ブリコラージュの例をもう少し考えてみます。

英語の翻訳に憧《あこが》れていたなとか、昔の夢を思い出すのも一つです。訳の工夫をしていると、面白くて夢中になります。

十代の頃、遊びでイラストを描いていたなという方は作品をSNSで発表すれば、立派な表現になります。

自分を外に出し外界とかかわる中で、人は活性化していくのです。

新しいことを始めるのもいいのですが、かつて自分がやっていたことに近いものを選ぶと、上達のコツがつかみやすいでしょう。福沢諭吉《ふくざわゆきち》は大阪の適塾《てきじゅく》でオランダ語を学んだ後、横浜に行き、必要なのは英語になっていたことに衝撃を受けます。また一から勉強しなければならないのかと絶望しかけますが、学んでみるとオランダ語と相通じるところがあった。そのため、習得するのはそこまで大変ではなかったと『福翁自伝《ふくおうじでん》』で言っています。

かつて身につけた知識や技術は、若干領域が違ってもコツが共通する事が多く、経験値をアレンジして再利用できます。

ジャーナリストの田原総一朗《たはらそういちろう》さんは二〇二四年九月まで、三十七年間地上波の「朝まで生テレビ!」(テレビ朝日系)の司会を務められ、同番組は今でもBS朝日で放送されています。現在九十歳で仕事をしている理由をこう述べています。

「僕が前向きでいられる理由はただひとつ。好きなことだけをしているからだ。僕にとって唯一の趣味といえるのが人と話すことで、幸運にもそれが仕事につながっている」

（田原総一朗著『堂々と老いる』毎日新聞出版）

好きなことを、身についた技術で続けることが気力、知力をできるだけ保つコツなのです。

若い頃は、趣味がメインの生活に憧れたこともあるはずです。

思い切ってそちらに舵《かじ》を切ると、人間的な深みと広がりにつながっていきます。

◆「退屈力」が生む豊かさ

退屈は敵ではありません。

時間ができたことを、怠惰であるかのように自責するために、不要な強迫観念に苛《さいな》まれるのです。

六十代からは、いわば「退屈力」が必要になります。

退屈力とは退屈に耐えられる力、一見退屈に思える作業を前向きに楽しむ力です。

武道は、型の習得から始まります。型の習得には根気が必要で、うまずたゆまず練習を続けなければ型は身につきません。基本を自分のものにするために、地道なトレーニングが必要ですが、これは退屈力のトレーニングと言い換えることもできます。

退屈力は、セカンドライフを豊かにするキーワードです。

追い立てられることのないゆったりした時間の中で上達を目指し、丁寧に作業を繰り返すことで、自分の時間を濃密にし、その道の奥義に近づくことができる。重要なのは上達するスピードではなく、いかにそこで喜びを味わえるかです。

私の父は六十歳を過ぎてから、本格的に書道を始めました。師範の免状を取りました。同時にもっと気楽な趣味として、模型作りを始めました。それがしんどくなると、千ピースのジグソーパズルを、酒を片手に楽しんでいました。

加齢の寂しさや孤独感を味わう代わりに焦りがないのが、若い頃との違いです。若い時は、社会から認められたい、自分の力を発揮したいなど、さまざまな願望が複合的に絡み、常に焦りにつきまとわれます。

死は広い意味で運命ですから思い悩む必要はありません。誰もに訪れます。私は四十五歳の時病で死にかけてから、それ以降の人生は余生、ご褒美期間という意識が生まれ、身軽になりました。

会社の看板がなくなり社会的地位から離れたら、誰しも寂しさを感じます。その孤独感はあなた独自のものではありません。

◆「命の持続感」のある変化

一度引退したスポーツ選手が復帰すると、楽しそうにプレイする姿を見せてくれることがあります。

例えば野球選手の川崎宗則《かわさきむねのり》さんは、日本のプロ野球やアメリカのメジャーリーグで活躍し、いったん引退しましたが、その後独立リーグなどで、選手として復帰しました。

川崎さんが、引退する選手へのはなむけの言葉として、「引退って、あくまでも野球のプレーを辞めただけ。これから幸せな人生があるわけですよ」（Number Web 二〇二〇年十二月三日）と言っていました。

変化を前向きに楽しむ心構えです。

小林秀雄は、著書『私の人生観』の中で、「命の持続感」という言葉を使っています。

「今日まで自分が生きて来たことについて、その掛け替えのない命の持続感というものを持て」

小学生の自分も、今六十歳である自分も同じ、先人から継いだ生命の持続感がある。

シェイクスピアはこう書いています。

「この世はすべて舞台。男も女もみな役者に過ぎぬ。退場があって、登場があって、一人が自分の出番にいろいろな役を演じる」

（『新訳　お気に召すまま』河合祥一郎訳　角川文庫）

自分を引いたところから見る目線を持つことも、経験値のなせる業です。

◆孤独力が変える後半生

精神科医の保坂隆《ほさかたかし》さんは、人生の後半戦が充実している人は「孤独感」ではなく、「孤独力」を持っていると言います。

孤独力とは「孤独に耐える力」「孤独から展開していける力」を指します（『精神科医がたどりついた「孤独力」からのすすめ』さくら舎）。

定年後の生活を、「どうせ孤独な人生なんだから」と自分に言い聞かせ、現状に甘んじている方は、本心ではそれでいいとは思っていないものの、頑《かたく》なになってしまいがちです。

私の講演会の参加者は中高年層が多いので、怖い顔をした重いオーラを出しているおじさんたちもよく見かけます。

講演会でさまざまなワークをしていますと、時間がたつうちに、中高年男性も徐々に、大声で笑い楽しそうになります。見た目ほど不機嫌なわけではありません。

四人で一組を作りましょうと呼びかけると、高齢の男性が一人ぼっちになってしまう事態がどうしても発生します。自分からは動けない人もいます。講演者としては「一人きりの人が出ないように、周りを見て一人の人がいたらグループに入れてください。入れないのはいじめですからね」と誘導しますが、一人ではいたくないけど身動きできず、自分は嫌われているという自覚もありつつ、プライドがあるなど、いろいろな障壁があって自分からは動けない。

講演会に来ている時点で、グループに誘われて拒否する人ではありません。

そういう人の周囲にいる方は、ぜひ声をかけてあげてください。ちょっとお節介する。**今は人に迷惑をかけてはいけないと自制する風潮がありますが、何かを頼む、軽い相談事をしてみると、案外人は動いてくれるものです。**

役割があることで誰しも元気になるものですし、仲間意識も生まれます。

私の講演では、始まった時と終わった時の会場の雰囲気は全く違います。ワークをしますから、その流れでものすごい勢いでおしゃべりが続き、それを止めるのが難しいほどになります。大騒ぎしていて、気が上がっているような感じに見えます。初対面の人同士が二人組や四人組になってワークをするのは、精神的負担が大きいはずですが、それを感じさせないスピード感で、やってしまいます。

私はネットのコメント欄を重視しています。例えばスポーツの試合を観た後など、この日一番感動したプレイの感想など、共感できる意見が多いと仲間がいるような感じがして、一人だけど、一人ではない、つながっている感があります。「別の人がMVPをとったけど、今日の試合で活躍したのは、やっぱりこの人だよね」とモヤモヤしていても、同じ感想のコメントを見ると、ふっとほどけてくるものがあります。

X（旧ツイッター）でも同じ効果が得られます。共感できる人をフォローしていると、リアクションしなくてもコメントを目にするだけで、澱みを解消できます。

自分で書き込むと、人の評価が気にかかりますが、共感できるコメントは、自分に対するプレゼントとすら思えます。

私はそういうお気に入りの投稿者が何人かいますが、そのうちの一人、作家の志茂田景樹《しもだかげき》さんのXは四十四万人を超えるフォロワーがいます。

「人生の9割って無駄だぜ。（中略）無駄を気にするな。無駄をいっぱいやるからちゃんっとしたものが創れるんだ」

（二〇一九年一月十五日）

ご本人は現在八十歳を超えていらっしゃいますが、フォロワーには若い人も多くこういう言葉は刺さると知ることができるのも、コメント欄の良さです。

◆共感センサーで「共感力」を磨く

私のセミナーでは、よく二人一組になって、話をしてもらいます。事前に「意見が合うように話してください」と指示し、二人の意見が合ったら、拍手すると決めておきます。

意見が合った瞬間に拍手するワークをしていますと、話が合って共感するのはうれしいことだ、というシンプルな事実に改めて気づかされます。ここで話すことは問題解決でも、情報交換でもありません。

第二章で「雑談力」について触れましたが、「共感力」はそのベースにもなります。お互いに共感しているかどうかを感じながら、そのつど調整していく機能で、いわば「共感センサー」です。いきなりセンサーは磨かれないので、まずは相手の表情を注視します。うなずくとか、微笑む、相づちを打つなど、表情が動くのは、共感しているサインです。そういう身体の構えを意識して見せることで、相手に自分が共感していることをメッセージとして伝えられるのです。

常に共感のメッセージを発しているると、相手がそうした構えを見せているかどうかにも敏感になります。

共感してもらうとうれしいのは、自分のことをわかってもらえた、理解してもらえたと思うからです。その先に一緒に何かをやっていきたいという気持ちが芽生えるのです。

共感力は、世界を広げる技術の一つです。

◆違う観点の見方を手に入れる

日本は、世界の中でも芸道文化が最も花開いた国です。茶道、華道などの芸道には、終わりがありません。お茶はそもそも戦国武将の間に広まり、利休が基礎を築いたものですが、一歩足を踏み入れれば、所作の奥深さや歴史、日本の精神性に触れることのできる豊かな世界が広がっています。

道具に凝りだしたりすると大変ですが、それだけ奥深さがあり、多くの人を魅了してきた文化でもあるのです。

以前、花芸安達流《かげいあだち》の華道家である安達瞳子《あだちとうこ》さんに華道の基本についてのお話をうかがったところ、不均衡の美を教えていただきました。シンメトリーではなく、アシンメトリーだから面白いというのです。

ちょっと専門家の手ほどきがあると、今までとは違った観点のものの見え方が獲得できるようになります。

最近は俳句熱が高まり、句作をする時の観察眼を意識している人が増えてきました。それに貢献したのが、俳人の夏井《なつい》いつきさんです。テレビ番組「プレバト!!」（TBS系）で、芸能人が創った俳句を添削し、大人気となり俳句にはまった小学生も登場しました。素晴らしい文化貢献だと思い、お目にかかった際にそうお伝えしました。**日本は詩人の魂がある詩人大国だと思います。**

私の叔父《おじ》も句会に所属していますが、そのような場では、生涯の人間関係ができます。おつき合いが煩わしければ、ネット上にも同じようなグループがありますし、カルチャーセンターには様々な分野の一流の先生が、手ごろな値段で教えてくれる講座がたくさんあります。

◆記録して自分の中に刻む

学んだ際に、誰かに報告したい、しゃべりたいという気持ちが湧いてきたら、ぜひ誰かに伝えましょう。

備忘録として「学びノート」をつけるようにして、公開するのでもよいと思います。

パリオリンピックで岡慎之助《おかしんのすけ》選手が体操個人総合で金メダルに輝いた時、新聞社から、私にコメントを求める取材の電話がありました。

岡選手が、インスタグラムにアップしたある投稿が縁でした。

彼はパリオリンピックの二年前、前十字靱帯断裂《ぜんじゅうじじんたい》という大怪我を負いました。治療中、ジョン・C・マクスウェルの『「勝負強さ」を鍛える本』(三笠書房)を読んで、そこから得た学びをインスタに投稿したのです。この本を翻訳したのが私で、それゆえ、談話をという話が舞い込んだのでした。

岡選手は絶望的な状況で、自己啓発書を手に取り、先人の精神に学び、それをインスタグラムなどに記録しました。書き残すことで、自分の中にさらにメッセージが刻まれたことでしょう。

SNSをそんなふうに活用すると、自分だけの閉じた世界ではなくなり、読んだ人も前向きになる可能性もあります。

◆精神文化を受け継ぎ、伝える

個人の精神は、先人の精神を受け継ぐことによって磨かれてゆきます。

心は、それぞれ個人のもので不安定なものですが、精神は文化であり安定したものです。

自分より前に生きた人が、考え抜いた末に言葉に残した真理は、時代を超えて継承された精神の形です。

先人の知恵は受け継いでいくことで、さらに進化発展していきます。

心は不安定なものだけに、日々のコンディショニングが大切です。

私には自己啓発書の存在意義を疑っていた時代がありました。その頃の私は難しい哲学書を読んでいたので、自己啓発書には当たり前のことしか書かれていないように感じられました。

ところが、最近は見方が変わりました。自己啓発書を読むことで、整えられる日々のコンディションがあるのだと気づいたのです。

広大深淵《しんえん》な思想だけでなく、日常のコンディショニングへの金言が、ビタミン剤のような効果を発し、年齢的にも体力的にもふさわしいように思えてきました。

日々を心安く生きるために、こういった文章が必要不可欠だと考えるようになったのです。

「自分がしたことに失敗とレッテルを貼ることができる人間は、自分しかいない」「失敗とは、進歩し成功するために支払う代価である」

（いずれも前掲『「勝負強さ」を鍛える本』）

心と身体は密接な関係があります。

心を整えていないと、身体の調子は崩れてしまいますし、その逆も真なりです。

その関係性は、免疫系の構造と似ています。細菌が多少入っても、免疫系が機能していれば、問題ありません。

心の免疫系も、常に働かせることが必要です。

精神の継承と心のコンディショニングによって、「整える」技術が獲得できるようになります。精神の師は、一人だけだと何かと偏りがちですから、三人くらいいるとバランスがいいようです。

◆「称賛健康法」で、コンディショニング

先ほど第二章で、コミュニケーションのきっかけとして、「ほめること」を挙げました。私は「称賛健康法」と命名していますが、これは頭の切り替えにも役立ちます。

ほめられたいと思っている人は多いけれど、現実にはなかなかほめてもらう機会がありません。私は学生相手でも、講演会の参加者相手でも、徹底的にほめることにしています。不思議なことに、こちらも明るくなり気分が上がって来ます。

それゆえ「健康法」なのです。

テレビ番組で、アナウンサーの夏目三久《なつめみく》さんや加藤綾子《かとうあやこ》さんと一緒に仕事をしていた時、本番前に「今日も素敵ですね」「先生も今日のネクタイ素敵です」などとほめ合う習慣がありました。

具体的に、細かく何かをほめるのが目的ではありません。軽い声かけ程度です。言葉には、効用があります。軽い言葉でも、影響を考えながら口にするのが、大人の配慮です。

ほめられたら「いやいや、そんなことないです」なんて謙遜《けんそん》せず、「でしょう」と乗ってしまう。それが準備運動になり、コミュニケーションがスムーズになります。

「十秒で意見を発表する」課題を大学で学生に課すときには、「えーっと」と言わないことをルールにします。言ってしまった時にも、責めません。ポジティブな反応だけを見せていると、学生自身が「えー」と口にしたとたんに気づき、「っと」を飲み込むなど、ゲームめいて、笑いが起きます。

四年間、私の授業を受けた学生が、「先生は、どの授業でも一回も否定的なことを言いませんでしたね」と言って卒業していきました。
それだけでも印象に残るものなのです。

◆心の若さは、相手をリスペクトすることから

日常的に続け意外に効果があることのひとつにテレビでスポーツ観戦時、拍手することが挙げられます。贔屓《ひいき》の選手だけでなくよく知らない選手、敵味方関係なく、拍手すると、自分の中で何かが目覚める感じがします。

他人を称賛する気持ちは、若々しさにつながります。他者に敬意を払うことは大事なポイントですが、何しろ忘れやすいのです。

敬意を失えば関心も失い、自分中心になっていきます。

自分より優れた人に関心を向け続けることは、案外難しいものです。中高年になるとそれなりに経験を積んで、自信もあり、目上の人もいなくなるので、何もしないでいると自己中心的になってしまいがちです。

部活を引退した、高校三年生やＯＢのようなイメージです。もう現役ではない

のに、態度だけは大きいと嫌われます。逆にほめてくれる先輩は好かれます。私が高校でテニス部にいた時、仕事の合間に顔を出し、邪魔にならないようコート脇のネット外から、練習を眺めるOBがいました。

昔戦績も挙げた実力ある選手だったOBですが、自慢話は一切せず、高校生に対しても否定はせず、「いいね。そのバックハンドやってみて」と現役をほめる。ポジティブな評価をくれるのです。

子どもは「すごい」とか「面白い」とすぐ口にしますが、大人になるとだんだん「すごい」と言わなくなる傾向があります。子どもと同じものを見ても、感動がないのです。

本来は大人の方が知識はあるのだから、人の能力のすごさはよりわかるはずです。ほめる気持ちを邪魔するのは、エゴやプライド、競争心です。もう、捨てませんか。

◆「老けたね」と言うことは年齢差別になる

現役を引退した六十代の人を見て「あの人歳とったね」「老けたね」などと、無意識に口にしていませんか。

外見で他人を評価・判断したり、身体的特徴や容貌で人を差別したりすることは「ルッキズム」です。「歳とったね」「老けたね」という言い方も、習慣的に口にする方が多いのですが、これは身体差別・年齢差別の一部です。

老いに関しては、ハラスメントという概念が遅れていると言えるでしょう。女性たちが、ハラスメントや男社会の女性差別に対して声を上げられなかった、あるいは上げても届かなかった状況に似ています。

確かに年齢を重ねると、体力や速度感、情報のアップデートについては若い世代に遅れてしまうことがあります。

しかし、見た目については年齢を問わず、触れることに配慮が必要です。老いは男女問わない問題ですが、ことに男性、いわゆる「おじさん」に対しては、遠慮のない視線が浴びせられ、何を言っても構わない属性だと思われています。

　こうして無意識の差別意識を洗い出してみますと、ふとした瞬間にプレ老い世代同士がお互いに差別用語を使いながら、お互いの元気を奪っているのかもしれないと思うようになりました。

　例えば「すっかりトイレが近くなっちゃって」などと笑い合うのは、自虐、卑下をしているわけですが、それが結果差別的な視線を生んでいることはないでしょうか。

　プレ老い世代が自分を卑下しなければいけないような思考は、戦前、選挙権もなかった女性が無意識に自分を卑下し、自分の可能性を狭めさせられていたように、断ち切らなければならない呪いなのです。

◆できないことには「鈍感力」を発揮

　こういう老いに対する無意識の差別が積み重なって、自らをスポイルしていることに気づいていただき、**前向きなリフォーム感覚で、老いを特別視する気持ち**

を自分の中から排除しましょう。

もちろん、歳をとればできないことは年々増えていきます。

作家の渡辺淳一《わたなべじゅんいち》は、二〇〇七年に『鈍感力』という本を出し、ベストセラーになりました。複雑な現代社会を生きていくにはある種の鈍さが必要だと、逆転の発想で言っています。

敏感すぎると、人はたいてい怒りっぽくなります。シェイクスピアの『リア王』は典型的な「怒れる老人」を描いています。老いて財産を三人の娘に分け与えようとしたリア王は、彼女たちに自分への愛を語らせます。上の二人は甘言を弄《ろう》しますが、末娘のコーディリアは美辞麗句を言わなかったために、父の怒りを買って勘当されてしまいます。ところが、財産を手に入れた二人の姉は、リア王を追い出してしまうのです。私はリア王を、「初老性キレキレ症」と呼んでいます。

「鈍感力」は、無神経な鈍感とは違います。

渡辺は『鈍感力』（集英社文庫）の文庫版前書きにこう書きます。

「長い人生の途中、苦しいことや辛《つら》いこと、さらには失敗することなどいろいろある。そういう気が落ち込むときにもそのまま崩れず、また立ち上がって前へ向かって明るくすすんでいく。／そういうしたたかな力を鈍感力といっているのである」

それ以上考えても仕方ないことは、考えなくても済むような心の習慣を身につけましょう。理性の力でコントロールできれば、頭も心も整理されます。

理性とは、物事の正しい道筋にのっとって判断する能力です。判断力は知力に裏打ちされるものです。よりよく頭と心の整理をするために、知力を磨いていきたいものです。

第四章　身体を整え、可能性を広げる

◆自分の身体の弱点を把握する

自分の身体の感覚と、脳の感覚に手応えを感じると、生きている実感が得やすいものです。

プレ老い世代の健康というと、江戸時代初期に活躍した儒者で博物学者・貝原《かいばら》益軒《えきけん》の、『養生訓《ようじょうくん》』が思い浮かびます。

この人はけして頑健ではありませんでした。むしろ子どもの頃から虚弱だったようですが、当時には珍しく八十代まで生きています。長生きと頑健さはあまり関係がありません。身体があまり丈夫ではないからこそ、工夫してカバーし、養生について一冊にまとめているのです。

食べ過ぎないようにするとか、食べた後は散歩するとか、どういった暮らしぶりが養生につながるかを、自分の身体で試しながら考えています。

人間を含め、生物にはエネルギーがあります。エネルギーは、上手に放出することでまた取り込むことができるため、循環させることが大切です。

このエネルギーを、気とも言います。

人には、弱点があります。『養生訓』では、弱点は人間の「内なる欲望」と「外からやってくる邪気」に起因すると考えられています。

内なる欲望とは、「飲食の欲」「好色の欲」「睡眠の欲」「言語をほしいままにする欲」、そして「七情の欲」。外からの邪気は、「風」「寒さ」「暑さ」「湿り」です。

冷えやすい、寝不足になりやすいなど、六十代ともなれば、自分が調子を崩し、不機嫌になる特質については把握していることと思います。

自分に特有な身体の弱点を把握し、メンテナンスに気を配っていると、身体の「やりくり」ができるようになります。

身体が整うと活動領域が広がり、可能性も開けます。

◆気は滞らせず、臍下丹田に

養生術の第一歩は、「先《まず》心気を養うべし」（『養生訓』巻第一の9）です。

心気とは、心の中をめぐる気のことです。

養うべき心気のポイントは、「心をやわらかに静かにする」「怒りや欲を抑える」「心を苦しめない」「気を損なわない」です。

江戸時代は、心の健康と身体の健康を分けて捉えず、「気」が心と身体をつないでいると考えていたのです。


「気は、一身体の内にあまねく行《ゆき》わたるべし。むねの中一所にあつむべからず。いかり、かなしみ、うれひ、思い、あれば、胸中一所に気とゞこほりてあつまる」（同巻第一の39）

怒りや悲しみは、胸に集まるというのです。

気は、滞らせないことが肝要です。滞りを感じた時は、ごく簡単に身体をゆるめましょう。私は立ち上がって手足をぶらぶらさせ、片方の手でもう一方の指を反らせます。首を回し、肩甲骨を大きく回す、足裏マッサージをする。

手足に血が通ってくると、めぐりがよくなります。

では気の行方はどこでしょうか。

「臍下三寸《せいか》を丹田《たんでん》と云《いう》。（中略）養気の術つねに腰を正しくすゑ、真気を丹田におさめあつめ、呼吸をしづめてあらくせず、事にあたつては、胸中より微気をしばゝ口に吐き出して、胸中に気をあつめずして、丹田に気をあつむべし」（巻第二の48）

現代語に訳せば、——臍の下三寸を丹田と言う。気を養う術は、常に腰を正しく据えて気を丹田におさめ、呼吸を静めていく。ゆっくりと口から息を吐き出し、また丹田に気を集める——ということです。

着物を着て帯を締めると、自然と臍下丹田を意識することになります。

能や日本舞踊、茶道、武道など、古くから伝わる日本の道には、腰と肚《はら》（腹）に力を入れる動作が必須です。

日本には、長く伝わる「腰肚文化《こしはら》」があるのです。

行動力のある人や、何事にもひるまない人を「胆力がある」「肝の太い人だ」

などと言いますが、この肝が、臍下丹田です。

昔の日本人は、頭の知力とはまた別に、臍の下から湧き上がる知力が存在すると考えていたのです。

自分の中心を臍下丹田におろしていくことをイメージして、そこにエネルギーをためる気持ちで呼吸をしてみましょう。

肩のあたりの力みが消え、呼吸がゆるやかになっていきます。

◆「三・二・十五」呼吸法

改めて、私がおすすめしている基本的な呼吸法をお教えします。

まず意識を丹田に持って行き、ゆったりとお腹で呼吸します。横隔膜をしっかりと膨らますイメージです。ここが固まっていると、呼吸が深く入っていきません。

臍下丹田を中心にした身体の軸は、地球の中心につながっているようにイメージしてください。

そして腹式呼吸で鼻から三秒息を吸い、二秒丹田にためて、十五秒かけて口か

ら細くゆっくり吐いていきます。

この「三・二・十五」を六セットやると、二分になります。慣れてきたら回数を増やしてください。

最初は、十五秒かけて息を吐くのは苦しいかもしれませんが、日々続ければ、次第に身体が慣れていきます。はじめは十秒から。慣れてきたら、長くしていきます。

一般的に多くの人は、普段は胸だけで浅い呼吸をしています。

これだと気が上に上がっている状態で、息がハアハアしたり、落ち着きがなくなったりします。眠りが浅いのにも、呼吸は関係しています。

「三・二・十五」の呼吸法は、気を丹田におさめる訓練になり、心を落ち着かせ、精神の集中力を高めます。呼吸が深くなれば、余裕も生まれます。


貝原益軒も、呼吸法に言及しています。

「呼吸は人の生気也《なり》。(略)是《これ》ふるくけがれたる気をはき出して、

「新しき清き気を吸入《すいいる》る也。新《あたらしき》とふるきと、かゆる也」（巻第二の61）

――呼吸とは、古く汚れた気を吐き出して、新しい清らかな気を吸いこむことであり、新しい気と古い気を交換すること――と言っています。

呼吸は、吐くことが基本です。「三・二・十五」呼吸法を行う時も、口をすぼめて小さく吐きます。すべて吐き切る直前でやめ、次の息を吸ってください。吐き切ってしまうと、次の息を吸うのに「ハッ」と勢いよく吸ってしまい、落ち着いていた意識が途切れてしまいます。

第二章「老いは話し方に出る」で紹介した、速音読の時の呼吸法は、いかに長く息を吐けるかの練習なので、吐き切るようにしますが、ここでの呼吸の練習では、次の呼吸につなげることを意識します。

◆身体を液体状にする

第二章「老いは話し方に出る」で、お風呂でハミングすることをおすすめしました。ハミングをしながら、水でほどけている状態を意識するといいのですが、これは身体が液体的になっているようなイメージです。

これは、東京藝術大学の野口三千三《のぐちみちぞう》名誉教授が創始した「野口体操」の、身体のとらえ方です。

身体について、こう書かれています。

「生きている人間のからだは、皮膚という生きた袋の中に、液体的なものがいっぱい入っていて、その中に骨も内臓も浮かんでいるのだ」

(『野口体操　からだに貞《き》く』野口三千三　春秋社)

私は、野口先生の教室に通っていたことがありますが、そこで、ふんわりやわらかくほぐし、伝わりやすい身体を作ることが大事だと、指導を受けました。

理想とするのは、赤ちゃんの身体です。赤ちゃんは仰向けにして、足を軽く持ってゆするだけで、身体全体が揺れます。連動性がよく、伝導がうまくいっている状態です。

歳をとった身体は、固まっていてどこも揺れません。老いた身体は関節も筋肉も固まって、伝導が悪いので、ゆるめていく必要があります。

野口体操は、普通のストレッチとはちょっと違う特徴的な動きで、身体の緊張を解いてゆるめていきます。液体をイメージして身体の力を抜き、ゆらゆら、くにゃくにゃ動きます。立って上体を揺するとか、上半身をぶら下げるように前に落としたりします。

お湯につかっている状態だと、ゆるやかな身体をイメージしやすいと思います。お風呂の中は、どこが滞っているかわかりやすいのです。

野口三千三さんはもともと、重度の腰痛と胆石症に悩まされていました。貝原益軒は身体が弱くて長生きした人です。そういう先人たちが示す養生の知恵には含蓄があり、耳を傾ける価値があります。

◆食事は腹七分目

『養生訓』では、食事についても心得が説かれています。

「五味偏勝《へんしょう》とは一味を多く食過《くいすご》すを云《いう》。（中略）五味をそなへて、少《すこし》づゝ食へば病生ぜず。諸肉《しょにく》も諸菜《しょさい》も同じ物をつゞけて食すれば、滞《とどこお》りて害あり」

（巻第三の9）

五味偏勝とは甘いもの、塩辛いもの、苦いもの、辛いもの、すっぱいもののことです。同じ味のものばかり食べ過ぎず、バランスのいい食事をすすめています。

「食は半飽《はんぼう》に食ひて、十分にみつべからず」

（巻第一の9）

半飽とは字のごとく「半ば飽きる」ことです。満腹にならないように食べる。量は今で言えば腹七分目か、多くて八分目にしておく。

他にも新鮮な野菜やフルーツを食べる、味の濃いものや冷たい飲み物は控える、酒は飲み過ぎると人に迷惑をかけるからほどほどに——など、とりたてて難しいことは何もありません。

そして、食後は散歩に出た方がいいと言っています。


「凡《およそ》養生の道は、内慾《ないよく》をこらゆるを以《もつて》本とす。(中略)時々身をうごかして、気をめぐらすべし。ことに食後には、必《かならず》数百歩、歩行すべし」

(巻第一の5)


外に出て天地の気を取り入れ、自分の中の気を天地の気と交流させる。何につけ、入れて出し、循環をよくすることを指南しています。

また食事の前後は怒ってはいけない、憂えてもいけないと言っています。

「怒《いかり》の後、早く食すべからず。食後、怒るべからず。憂ひて食すべからず。食して憂ふべからず」

（巻第四の28）

食事は単に栄養を摂《と》るだけではなく、ブレイクの時間です。マイナスの感情を持ち込まず、「いただきます」の挨拶で切り替えて、食事に集中し、英気を養うことに専念したいものです。

◆東洋式の歩き方で整う

一般的に健康にいいとされる歩き方というとウォーキングが思い浮かびますが、これは西洋風の歩き方です。腰をできるだけ高く保ち、お臍のあたりから股《また》が割れているようなイメージで、グングン進みます。

朝急いでいる時や、トレーニングマシーンを使っている時は、私もこういう歩き方をします。高い重心で、スッスと歩きます。

私は西洋的な歩き方と、東洋的な歩き方を、時と場合によって意識的に使い分けています。

東洋風の歩き方は、臍下丹田に重心を置き、低めの重心で水平移動します。そうすると、心がグッと落ち着いていきます。能や歌舞伎、空手などを研究してきた成果にアレンジを加えて、私自身が実践しているものです（『齋藤孝の30分散歩術』実業之日本社）。

生活の中で心わずらわされる出来事があったとしても、ちょっと重心を下げて一歩一歩踏み締めながら歩くと、雑念や問題が流されていくように感じられます。

まず臍下丹田を身体の中心として意識してください。

重心をそこにおき、そのあたりから重心が下方向に垂直に向かうとイメージします。同時に、臍下丹田から竹の筒が前方に水平に突き出て、それに引っ張られているような感じで歩きます。これによって腰が安定し、まっすぐ歩けるようになります。

足は膝《ひざ》を伸ばし切らずに、すり足気味で、一歩一歩確かめるように歩きます。

スピードはやや遅めになります。

日本人の身体は、上半身が柔らかいのが特徴です。そこで上半身に力を入れないように、下半身の上に上半身をスッと乗せて、移動するイメージを持ちましょう。

手は振ったり肘《ひじ》を曲げたりせずに、自然に揺れる程度です。

目線はそれほど遠くに飛ばす必要はありません。十メートル先の下の落ち葉を見て、ゆったり歩くイメージです。

慣れてきたら、先ほどご紹介した丹田を使った呼吸法を組み合わせましょう。

先ほどは「三・二・十五」の呼吸法をお教えしましたが、ここでは秒数ではなく、歩くリズムに合わせます。持久走の時のように一回吸って二回吐く、が合う場合は、それもいいと思います。いずれにしろ吐く息を長くしてください。

呼吸法を組み合わせると、五分ほどの短い時間でも瞑想《めいそう》に似た気分に入れるので、心が一層安定しやすくなります。

このいわば「丹田歩行」は、ストレスがある時、考えごとがある時にも効果があります。ストレスは軽減され、心に余裕が生まれいいアイデアも湧いてきます。

私は、歩くことで何度も助けられました。

◆気を流して、生命肯定感を育む

埼玉県にある帯津《おびつ》三敬《さんけい》病院の帯津良一《おびつりよういち》名誉院長は、医療に気功や太極拳を取り入れていることで知られています。

私の呼吸法の研究を評価してくださって、二十代の頃からお世話になっています。

気功とは中国の伝統療法で、気の滞りを解消したり、不足していたら補ったりする養生法です。三敬病院でやっているのは、呼吸法で気の流れをよくする自己鍛錬です。病気が進行していても、前向きな心身のあり方を維持できます。

病院に見学に行かせていただいた折、末期がんの患者さんが「ここにいると前向きな気持ちになって、今すごく幸せです。それをお伝えしたい」と話してくださいました。晴れ晴れとしたお顔でした。

「自分はいま生きている」と実感し、肯定する感覚、「生命肯定感」とでも言うような印象が残りました。

二十代の頃は、私も太極拳をしていました。呼吸をしながらゆっくり身体を動かすと、気の流れを確かに感じます。
六十、七十代と進むにしたがって、それはごく自然に感じられると思います。
筋力は低下していきますので、力任せではない身体の感覚を知っているわけですから。筋肉を鍛えるのとはまた違う感覚で、身体に気が流れる練習をすると、身体が温まったり、軽く汗が出たり、気分がすっきりします。

身体のとらえ方としては、木のように、人間の身体も大きな自然とつながっているイメージです。食べた物をうまくデトックスして、水分も上手に循環させる。

身体の中をいろいろなものが流れ通っていくという感覚自体が、すっきり感覚を伴います。

◆老いて必要な「自然体」

身体というものを考えた時、大事な軸の一つは「中心感覚」です。自分の身体の内に中心を感じとる中心感覚は、かつて腰や肚、臍下丹田の感覚として日本人に共有されていましたが、欧米式の生活様式になじむとともに失われていきました。

中心感覚がないと、身体は無駄に力んだりこわばったりします。あるいは、ふわふわとした頼りないものとして身体を感じることもあります。

中心感覚のある身体とは、自分の中に中心軸を持つ身体で、リラックスしながらも覚醒《かくせい》している状態です。

ストレスがある状況下に置かれると、私たちの身体は肩に力が入って硬くなり、呼吸も浅くなります。深い呼吸で身体に中心を感じられるようになれば、精神的に安らぎや充足感が生まれます。これは身体が上機嫌な状態にあることを指します。

上機嫌な身体は、「自然体」ということです。

自然体とはどんなものかというと、まず上半身の力は抜けている。下半身には地に足がついた力強さとねばりがあり、腰は決まっていて肚ができている。中心軸が通っていて、息は深くゆるやか。精神的にはリラックスしているが、集中した状態であることです。

自然体を一言で表せば「上虚下実《じょうきょかじつ》」になります。上を虚にして、下を実にする。この言葉は、藤田霊斎《ふじたれいさい》という真言宗の僧侶《そうりょ》が創始した丹田呼吸法の説明に際して使った言葉です。

上半身の力が抜けているというのは、肩の力が抜けていること。

みぞおちには力を入れないで、臍下丹田は充実している感じです。

下実は相撲の四股《しこ》を踏んでいる下半身を思い浮かべてください。

だいたいどんなスポーツでも、上半身はリラックスし、下半身は充実しているのが基本姿勢です。

テニスでは手の先が固まっていると速い球は打てません。腕は鞭《むち》のように使うのが基本です。

鞭《むち》といえば、野口体操の教室に通っていた時、すごく長い鞭を使ったレッスンがありました。先生が鞭を持って揺すると次々と波が伝わっていき、最後は鞭の先に力が放出されてピシッと鳴ります。鞭のように、動きがしなやかに伝わるよう、身体をゆるめます。

天才的テニスプレーヤーのジョン・マッケンローの試合を観て、脱力の仕方が尋常ではなく上手いと感じました。本当にすっと力を抜くことができていました。

上半身の力を抜くにはいろいろな技がありますが、ここでは「スワイショウ」という中国の身体技法を説明したいと思います。

足を肩幅より少し広げて立つ。膝に余裕を持たせ、肩と手の力を抜いて、身体をねじる。そのねじりの反動を利用して今度は反対側にねじる。要はでんでん太鼓のように腕を振るのです。

身体の軸は天と地につながっているように真っすぐを意識して、腕は軸の回転につられて少し遅く振られ、身体に巻きつきます。巻きついた腕を解くのに合わせて腰を回転し、首は前を向いたままでなく腰の回転に合わせて回してください。

膝を柔らかく使って、腕が巻きつくのを楽しみながら回していると気持ちがよくなって続けてしまいます。簡単な動きなので、仕事を始める前や、疲れた時などにやると気分転換になります。

私は気づいた時に、軽くジャンプしています。五、六回でもいい。気分が上がります。軽く膝の屈伸を使って揺さぶると、上機嫌な身体になります。

◆下半身は足腰のねばりと足裏感覚

スワイショウをやっているだけでも、上虚下実の感覚はつかめてきます。これが、基本の動きとされているゆえんです。

スワイショウをして柔らかい上半身になると、中心軸が感じられるようになります。そして地面から受けた力が足首、膝、骨盤と伝わり、そのひねりが戻る動きとして上半身が回ってきます。

下半身の充実は足腰のねばり強さと、足の裏の感覚が重要です。

先ほど下半身の充実は、相撲の四股を思い浮かべてくださいと言いましたが、

「四股立ち」というねばり腰の土台作りを紹介します。相撲取りが四股を踏んで、両足を地面につけた時の形です。

足先を真横に向け、膝から下を垂直に立てたまま腰を落とす。この時、膝や上半身が前に倒れこみやすいので注意する。さらに腿《もも》の裏とお尻《しり》の筋肉を引き締め、足の指は床をつかむようにする。

言葉で説明するのは簡単ですが、この形を真似るだけでも容易ではありません。誰かにちょっと押されただけで、倒れそうになります。修練を要する型です。

下半身をビシッと決めて、上半身を柔らかく動かすためには「肩入れ」の運動が適しています。両手をそれぞれの膝の位置において肘を伸ばし、片方の肩を斜め前に入れます。

相撲取りが土俵上で見せる動きです。元大リーガーのイチローさんも現役時代、ウェイティング・サークルでよく四股立ちして、肩入れをしていました。

上虚下実の自然体は、メンタルにいい影響があります。ここはひと踏ん張りしようという時に、臍の下に「ふん」と気合を入れると頑張れます。逆に柳に風とばかりに、怒りを逃すこともできます。

気を上に上げている状態だと、怒りやすくなります。

少々頭に来ても、ふーっと息を吐いて上半身を脱力してゆるやかにしますと、真面目に怒る気になりません。文字通り怒りを腹におさめることができます。

嫌なニュースや話を聞いて不愉快さを感じた時にそれを吹っ切るには、脱力して嫌な感覚を逃すのです。

◆流れを感じる「レスポンス（応答）する身体」

自然体が意識できるようになったら、次の段階の「レスポンス（応答）する身体」につなげていくことができます。

昨今、コミュニケーション能力の低下が問題になっています。若い世代はもちろんですが、歳を重ねても、その問題はまた別の形で姿を現します。

身体と身体の間の、基本的なコミュニケーション能力の低下は、笑いに笑いで返せない、話しかけられても自分では動けないというように、反応が鈍くなることに現れます。

身体の中心感覚が失われた結果、身体全体が冷えている方が増えているのです。

言うまでもありませんが、冷えて循環が悪くなると、体調不良になり気分も沈んでしまいます。

自然体を取り戻すと、他者と関係を作る距離感覚をうまくつかむことができるようになり、相手と自分の間の流れを感じられるようになります。

これが「レスポンスする身体」です。

長年の友人を相手にしている場合は、その人のちょっとした目の動きや息遣いで、相手の感情を察することができます。こういったレスポンス（応答・反応）は、さまざまなコミュニケーションのサインになっています。

ところがつき合いの浅い相手だと、なかなか身体の発するサインが受け取れないものです。

そこで自然体を基礎に、サインとなるコミュニケーション技法を取り入れていけば、レスポンスする身体を作ることができるのです。

授業やセミナーで、三十人ほどの聴衆を前にプレゼンテーションする課題を出す際には、聴衆一人ひとりの目を見ることをルールとします。他に何も情報を与えずこのルールだけを課すと、ほとんどの人は聴衆と目を合わせることができませんでした。話す内容に気を取られがちです。

これをアイコンタクトの練習だと意識してもらえば、目を合わせる度合いは飛躍的に上がります。アイコンタクトはコミュニケーションの基本技法です。認識すれば、慣れていくものです。

うなずきや相づちも、レスポンスの技術です。

会話にテンポを与える一方で、うなずくことは呼吸を整えることでもあります。うなずきながら息を吐くようにしていると、息がだんだんと深くなっていきます。それによって落ち着いて話を聞きやすくなります。身体技法として意識化することで、長年コミュニケーションに不自然さを感じてこられた方も、苦手意識を克服できるはずです。

◆子どもの寝相のような身体の動きが理想

このところサウナ人気が高く、「サ道」とか、「整う」などの言い方を聞くようになりました。私も四十年以上、サ道を修めてきましたが、汗を出しすっきりして、新たな気に入れ替わった感じがすることが、「整う」ということです。

身体が本来持っている元気を取り戻し、心身を整える。これが「整える」の王道です。

野口晴哉《のぐちはるちか》さん創始の「野口整体」がそれで、私はこの教室にも通いました（先ほどの野口三千三の野口体操とは別のものです）。

野口整体では、「愉気《ゆき》」、気を愉《たの》しむという考え方をします。気を送り、気を通して、元気を呼び起こす方法です。

人間の気が感応し合うことを使って、お互いの身体の動きを活発にするのです。

二人で組んで、前にすわった相手の背中に手を当てていると、その人に動きが出ることがあります。

これは意識せずとも生じる動きで、「活元運動《かつげん》」といいます。

私たちには日ごろ、たくさんの意識しない動きがあります。

野口晴哉は子どもの寝相で説明しています。子どもは寝相が悪いものですが、むしろそれはいいことだと言います。寝ている間に動くことで身体の調整をしている。大人になると、このような自然な動きはだんだんできなくなってしまうのですが、そういった身体本来の調整機能を引き出すのが愉気で、そこで出てきた動きが活元運動です。

愉気は気の訓練から始まります。
「合掌行気法」といい、まず合掌し、その手で呼吸するようなイメージを持ちます。すると手のひらが温かくなり、ムズムズしたり、涼風感を感じたりするようになります。（野口晴哉著『整体入門』ちくま文庫）
その手で背中を触ってもらうだけでも、身体に動きが出ます。
活元運動の誘導は一人でもできますが、二人一組ですと二人で一つの運動をしているようで、身体が広がった感覚を味わうことができます。

卓球やテニスなどで二人でラリーをしていると、一つの流れになってくるのに似ています。

数人で行う身体活動で一つのものを創ることは、プレ老い世代の身体の整え方にもふさわしいものです。ダンスや合唱、合奏などもありますが、ちょっとした工夫で、個人技を集団技に変えることも可能です。

先日カラオケに行った折、リレー方式を提案しました。ある曲を歌の下手な順に歌ってみたところ、歌があまり得意でないと自覚する人が「私、先行きます」と気楽に歌い始め、順々に歌って、サビを一番上手い人が歌うことで盛り上がり、いきなり一体感が生まれました。

一曲を三人くらいで歌うと、うまくいくこともわかりました。

他の人がサビの前までお膳立《ぜんだ》てして、バトンを渡していく。これまで、自分というものにこだわり過ぎていたのではないかと思うほど、充実感がありました。

◆「流す」ことで「疲れない身体」に

プレ老い世代ともなれば、疲れやすくなったと感じることが多々あると思います。

一度リタイアして在宅時間が長くなると、身体は楽な方に流れますから、たまに外出するだけでもどっと疲れが襲うようになります。

私は呼吸法や身体技法を学んできたため、一般の方より健康でタフであると思われがちです。自分でもそう思っていたので、働き過ぎた時にも自分でブレーキをかけられなかったのです。

しかし、考えてみると私は、もともとは疲れやすい体質でした。受験勉強のために、部活をやめたとたん睡眠障害を起こし、大学生になって東京に出てきたばかりの頃は、満員電車にちょっと乗っただけで疲労困憊《こんぱい》しました。

「疲れない身体」づくりを研究してわかったのは、ストレスはため込まず、流すということです。血液を流し、呼吸を流し、気を流し、無駄なものを流す、それが何より重要だということです。

これまで紹介した呼吸法、身体技法はすべて、疲れない身体づくりに通じます。疲れない身体の基本は、「上手に疲れて、休む」ことです。

規則正しい生活をするのは、上手に疲れて、必要十分に身体を休めるためです。何もない日だからと長く寝ると、かえって体調がすぐれないことがよくあります。日々同じリズムで暮らすことが肝要です。

農業や漁業に携わっている方、職人さんなどは、頭と身体をバランスよく使って、自分の身体を追いつめずに長く作業が続けられる工夫をしながら、日々働いています。

疲れない身体は、バランスよく疲れていい眠りに入れる身体です。

◆身体を維持するための体操

折に触れて軽くジャンプするとか、肩甲骨をほぐすとか、簡単な身体ほぐしをあちこちに挟み込みましたが、私は「齋藤体操」というものを考えたことがあります（齋藤孝著『齋藤体操　1回15秒の「ほぐす」で心と身体の悩みが消えていく！』経済界）。

肩をほぐす

日本人には肩こりの方が多いので、肩をほぐすところからです。「背中反らし」「首のストレッチ」もありますが、ここでは「軽いジャンプ」を紹介します。ジャンプする時は力を抜き、どのエクササイズも呼吸は意識的に行ってください。

「脱力ジャンプ」

①　その場で軽く飛び跳ねる。膝を柔らかくし、つま先を使う。床から少しでも離れればいいし、床から離れなくても構わない。

②　肩の力を抜き、身体全体を揺する感じで慣性の法則に身をゆだねる。肩と肩甲骨の揺れが全身に広がるように意識する。

肩甲骨をほぐす

腰肚文化の伝統が途絶えた結果、体幹の裏側、つまり背中の感覚も失われてしまいました。丹田での呼吸は背中感覚があるから、息を通すことができるのです。肩甲骨をゆるめましょう。

「腰かけ肩甲骨エクササイズ」

① 椅子に深く腰かけて、両手を後ろ手に組む。手のひらは下に向ける。
② 背もたれに身体を預け、肩甲骨を引き寄せるような意識で胸を張る。

「立つ肩甲骨エクササイズ」

① 軽く足を開いて立つ。
② 両手をうしろ手に組む。手のひらは最初は下でなく、上に向けておく。
③ 徐々に上半身を前屈させ、同時に手のひらの向きを逆に下向きにしていく。
④ 後ろ手に組んだ腕を身体から離し、手のひらが天を向くようにする。

他にクロールのような動きもあります。顔を伏せながら上体を少し前に倒し、水泳のクロールのような動きで腕を回します。腕は伸ばさなくて大丈夫です。肩甲骨をほぐすと、疲れた身体と心がちょっと回復します。

指に血をめぐらす

身体をゆるめ、脳を活性化させるためには、身体に血を通わせておくことが大切です。手のひらをゆるめて、指に血を通わせましょう。

「手のひら反らし」

① 手のひらを上に向け、手首から反らせるように下に曲げる。そのままの状態で、親指以外の四本の指の第一関節あたりを机のへりに押しつける。この時、肘は曲がっている。

② そのままグッと机側に押しつけて、手のひら全体を反らす。できれば手

の甲と手首が直角になるまで曲げる。

自分の手で片方の手の指をグッと押し、後ろに反らすでも構いません。

◆喜びを取り戻す六十代

私は高校野球のいいプレイを観たいので、甲子園《こうしえん》の試合を録画して、全部観るようにしています。出身地の静岡県以外に特に贔屓はなく、勝敗にこだわりはありません。いいプレイや心に残るいい光景があると、思わず拍手します。選手の身体性や人間性は、テレビ越しであっても伝わってきて、感動するのです。

日常生活で、日本の男性はあまり拍手しないように思います。

しかし今は拍手を忘れている方も、小学校三年生の時には大きくリアクションを取っていたのではないでしょうか。小三男子は大人に比べてリアクションがよく、大人が呆《あき》れるくらい物事に反応します。

戻るべきは、小三の時の感受性を育《はぐく》む身体性です。

人は社会に出ると責任も生じ、どうしても心身に硬さが増し、放っておけばそれが加速してゆきます。女性は比較的意識してストレスを発散できているのだと思いますが、男性の場合は殊に、働いたことによるダメージが顕著に見られます。

美輪《みわ》明宏《あきひろ》さんが「美術展をやっても音楽会をやっても、お客様の八割かそれ以上は女性。日本の男性は文化を楽しんでいない」と発言されていましたが、女性の方が文化に造詣《ぞうけい》が深い傾向があるのは確かです。

時間に余裕のできた六十代は、小学三年生の素直さを思い出し、身体をリラックスさせ、文化に親しむ。無邪気な喜びの感覚を取り戻すのに重要な時期と言うことができます。

第五章　脳トレ読書法

◆知力の衰えが、不安の元凶

「幾多の書を読み幾多の事物に接し、虚心平気活眼を開き、もって真実のあるところを求めなば、信疑忽《たちま》ち処《ところ》を異にして、昨日の所信は今日の疑団となり、今日の所疑は明日氷解することもあらん」

（福沢諭吉著『学問のすゝめ』岩波文庫）

――多くの本を読み、多くの物事に接し、先入観を持たずに鋭く観察し、真実のありかを求めれば、信じることと疑うことはたちまち入れかわって、昨日信じていたことが疑わしくなることもあるだろうし、今日の疑問が明日氷解することもあるだろう――。

私たちも大人として成熟し、こんなふうに知力のある日々を送りたいものです。

しかし、**どうも老いてくると、自己顕示欲に凝り固まりがちで脳がいっぱいいっ**

ぱいで、新しいことには対応できなくなる方が多いようです。

外国語が得意でない人が、外国語で話す場合を考えればわかりやすい。自分の用意した話なら外国語で話せるため、邪魔してもらいたくないとばかりに、ひとしきり話し、後は黙ってしまう。過去の自慢は、このような余裕のなさを感じさせます。

相手の話より自分の話に価値があると思って話し続ける点には傲慢《ごうまん》さを、臨機応変に対応できない点は不安を、周囲に感じさせます。

あるスイッチを押すと同じ話が出てきてしまう「人間ジュークボックス」のような存在ですが、自分の視点でしか会話ができないのは、コミュニケーションの危険信号です。

知力が衰えることに、人はアイデンティティの根幹を揺るがされるような不安を感じます。知力を保つことと、他人に開けた自分であり続けることは、ほぼ同義です。

ことに六十代以降は知識量の多寡よりも、他人に対しても新しい情報に対しても柔らかい受け止めができることの方に、その人の知力を感じさせられます。

◆本を手に取る心の余裕

月に一冊も本を読まない人は、全人口の六割超に上ることが、文化庁が発表した二〇二三年度の「国語に関する世論調査」で判明しました。

これは十六歳以上を対象にした調査ですが、なんともったいないことでしょう。

私は長年にわたり小学生を教えていたのですが、小学生は常に「もっと読みたい」という気持ちを持ち、知的好奇心旺盛《おうせい》です。しかし長じて現実の生活が忙しくなってくると、本を読んでいる場合ではないと思うのでしょう。

六十代は学びの季節です。

私も以前より長編小説が読みやすくなりました。読もうと思っても時間は細切れにしか割けなかった四十代、読もうという心のゆとりを失った五十代に比べ、今は時間が比較的ゆるやかになり、長編小説向きの生活になってきました。

二〇二四年秋、山田風太郎《やまだふうたろう》の『八犬伝《はっけんでん》』が、役所広司《やくしょこうじ》さん主演で映画化、公開されました。映画にちなんだインタビューを引き受けました。滝沢馬琴《たきざわばきん》の『南総《なんそう》里見八犬伝《さとみはっけんでん》』の原作は「新潮日本古典集成」に全十二巻で収められています。私は所有していますが、あまりにも長大で、全巻制覇は大変です。

馬琴は執筆途中で目が見えなくなったので、息子の妻が口述筆記しました。ところが彼女は馬琴のような漢字の素養がないため、字を一から教わるところから始めたのです。正しく漢字を使い、ルビを振ってと気の遠くなるような作業を重ね、実に二十八年かけて書き上げられた労作です。

山田風太郎『八犬伝』には、こういう作品の背景も描かれています。

何としても最後までたどり着くんだ、という作者の執念を見る思いがして、心が震えました。時間と心の余裕ができたからこそ、こんな感動を味わうことができたのです。

読書のきっかけとして、本をよく読んでいる人におすすめの本を尋ねるのも手です。人が読んでいる本は自分でも読んでみたくなります。

ある編集者は、友人から年一回、おすすめの小説を聞くメールが来ると言っていました。文庫に限るというオーダーで、新旧とりまぜて十作前後紹介するそうです。しかし相手は本好き。十作推薦しても既読の本があって、結局役に立つのは六、七作ということも多いのだとか。

新聞や雑誌、ＳＮＳの書評も参考になります。

学生に自分が読んだ本のブックリストを作ってもらい、これをコミュニケーションの素材として使いました。授業の最後で他の人のリストから「一番読みたくなった本」を選んでもらうと、いかにも役立ちそうな本を選ぶわけではないのが、面白いところです。日ごろ私が口を酸っぱくして「本を読め」と言ってもさしたる効果もなかったのに、友人に推薦されると本を読みたくなることが収穫でした。

私が本を手にして目指すのは、「深み」のある読書です。広く深く読むため、月ごとに読む著者を変え「著者月間」を設け、今月は太宰治、来月は川端康成《かわばたやすなり》というようにどっぷりはまるのです。

好きな著者の本だけを読むのは、浅い読書といわざるを得ません。

連綿と続く精神文化の中で多くの先人たちとつながることで、知力は強くなるのです。

思考が深まるのは、感情が動いている時です。

小説に限らず、どのジャンルの本でも、ただ読むだけでは情報を吸収しているにすぎません。自分の琴線に触れるポイントを知れば、本はぐっとあなたに寄り添ってきます。

◆三色ボールペンを活用する

本を読む時は、メモを取るとよりいっそう深い読書になります。

「面白い」「その通り！」など一言でもいいので、メモをする作業が思考の助けとなります。

私は赤・青・緑の三色ボールペンを使ってアンダーラインを引いたり、〇で囲んだりします。メモにも三色は活用できます。

緑色は自分が好きな箇所、勝手に面白いと思う部分に使います。己の感性だけで判断して大丈夫な主観的感想です。

青色はあらすじとして大切な部分をマークします。主張のアウトライン、数字など、客観的に要約するのに必要な点を冷静につかみます。

赤色を使うのは、著者の大事なメッセージと、自分の考えが合致したところです。最も重要な部分なので赤色にします。特に重要だと思う箇所をぐるぐる巻きにすることで、記憶に強く残るのです。

受験勉強の時、暗記したい人名や歴史上の出来事を手で何度も書きながら覚えたという方もいるのではないでしょうか。私は高校生の頃から三色ボールペンを使っているのですが、三色の色が本のページ上の位置でくっきりと脳に刻まれます。

このマーキングは情報の取捨選択に役立ち、内容を的確につかみとることが容易になります。感想や要旨を書き留めるのにも、三色ボールペンを活用するのです。

思考力を働かせて読むためには、ツッコミを入れつつ読むと効果があります。

ニーチェのような偉大な哲学者や、夏目漱石のような文豪、ノーベル文学賞受賞者の本でも、ご説ごもっともという堅苦しい感じで読まなくていいのです。

お笑い芸人のように、「言いすぎだよ」とか「本当か？」などとツッコんで、笑いながら読みましょう。頭が働いていないと、笑えるポイントは見つかりません。

頭の回転を速めるには、先を予測しながら読むことです。

小説や漫画を読む時に、展開や主人公の運命を予測しながら読む。漫然と読書しているだけでは、頭を使っているとはいえません。

名作と言われる作品は、予想を裏切る展開をすることが多く、予想の左斜め上に行ってくれると興奮度は増します。

◆読んだら、感想をアウトプット

本を読み終えたら、人に話すことです。

考えを深めるためには、対話が一番です。きちんと記憶できていないと、内容をうまく伝えられません。質問されて答えられないのは、理解が足りていないということです。

私には中学から大学院まで一緒だった友達がいるのですが、彼とは十年以上にわたり本を読めば話し合っていました。とてもいい思考の訓練になりました。

語る相手がいなければ、ネット上のレビューを読むという手もあります。

同じ感想があれば自分の読み筋を確認でき、自分と違う感想であれば新しい観点に気づかされ、考えが深まります。

浅いと感じるレビューがある時は、自分が本の内容を十分理解し、思考が働いていることがわかります。


内容は十分に理解したと思っても、いざ人に話したり書き出したりしてみると、どう説明していいか悩みます。アウトプットすることによって内容が改めて、記憶に刻まれます。何も記録しないと、あっという間に頭からこぼれ落ちていくので、読書ノートをつけるのもよいでしょう。

何が書かれているのか、自分はそれについてどう考えたのか。

記録があれば、見直して何度も反芻《はんすう》することができます。

知らない分野の本は、一、二冊読んでもなかなか細かく内容を把握はできません。一行一行理解しようと試みると先に進みませんから、まずは読み通します。今一つ概念が上手く把握できないとなったら、また同じ著者の別の本を読んでみましょう。

あるテーマを頭に定着させたければ、その著者の本を続けて読むことです。私は一人の研究者の本を、続けざまに五冊は読んでみます。

新しい本にも果敢に挑戦しましょう。

ベストセラーや話題の本は、リアルタイムで読むことも大事です。

二〇二四年には、コロンビアの作家、ガブリエル・ガルシア＝マルケスの『百年の孤独』が文庫化されました。原書が出たのは一九六七年、日本で翻訳が出たのが一九七二年です。実に半世紀を超える時を経て、待望の文庫が刊行されたのです。

出版界ではある種、事件のような出来事でした。

南米の架空の町を舞台に、ある一族の七代にわたる物語が「マジック（魔術的）

リアリズム」という手法を使って描かれ、不思議な魅力に引きずり込まれます。

名作として名高い作品ですが、読んだことがある人はそう多くないでしょうから、今が読むチャンスかもしれません。

◆名著から流れ込む精神文化

日頃意識するのは難しいかもしれませんが、社会には共有された精神があり、自分たちの根底にある精神文化を掘り起こすには、哲学書、思想書はもちろん、文学も適しています。

どの文豪をとっても、自らの世界を構築した背景には、貪欲《どんよく》に本を読み、さまざまな精神文化を吸収した積み重ねがあります。そういった精神文化が滲《にじ》み出た作品を読むと、その世界を形作る思想、哲学、宗教などが、読み手になだれ込んでくるように感じられます。

そんな読書によって、私たちの人格は深められていくのです。

偉大な先達の器に触れること、先達とつながることが、私たちを支えてくれます。

先ほど挙げた『百年の孤独』は、五十年を超える年月、営々として読み継がれてきた本です。そこに描かれた世界に魅了され、感化された読者たちがいて、現代の私たちまで手渡されてきたことを思うと、この本が放つ輝きが、どれほど強いかわかります。

中学生の時、私は一番仲のいい友達とうまくいかなかったことがありました。それなりにショックでしたが、どちらかというと「来る者は拒まず、去る者は追わず」というタイプだったので、そんなこともあるさと割り切り、本を友にすることにしたのです。

選んだのは勝海舟《かつかいしゅう》の『氷川清話《ひかわせいわ》』でした。なんとも渋い中学生です。毎日肌身離さず持ち歩き、何度も読み返しました。

『氷川清話』は江戸城の無血開城を実現させた勝が、明治になってから歯に衣着《きぬ》せず語った、時局批判や人物評です。赤坂《あかさか》・氷川の自邸で語ったので、この書名がつきました。

西郷隆盛や水戸《みと》の徳川斉昭《とくがわなりあき》らを、威勢のいい江戸弁で語り、目の前で勝が私に語りかけてくれるかのように感じました。幕末の出来事が生き生きと蘇ります。こうやって、私は支えられたのです。

読書はたった一人の著者が書いた本を、たった一人の私が読む行為です。孤独ではなく、単独の対話的時間です。その中で著者や登場人物とつながっているのが読書の醍醐味なのです。

◆読書の醍醐味を味わう

誰かとつながるコツの一つは、著者の生きた時間を「著者と共に共有する」感覚で読むことです。先の『氷川清話』もそうですが、特に自伝、評伝、歴史小説は、比較的簡単にこの感覚を共有できます。

福沢諭吉が六十代で生涯をふり返り口述した『福翁自伝』は、おすすめです。日本の自伝の中の最高傑作です。

ドイツ語の「ビルドゥングスロマン」は「教養小説」「自己形成小説」と訳されますが、人が生まれてから死ぬまでを、大河《たいが》ドラマのように書いた小説で、学び挫折《ざせつ》あり、出会いも別れもあり、最後に死がやって来る壮大な展開で、自分自身を重ねやすいものです。ロマン・ロランの『ジャン・クリストフ』や、ゲーテの『ヴィルヘルム・マイスターの修業時代』などが代表的です。

また、葛藤《かっとう》の末、自死を選んだり、人を殺《あや》めてしまったりする人物がたくさん登場する「人生の十字架を背負った」作品は、気持ちが暗くなると思いがちですが、逆に生きる力が湧いてきます。高利貸しの老女殺しの罪を犯したラスコーリニコフの懊悩《おうのう》を描いた、ドストエフスキーの『罪と罰』はこのジャンルの代表作です。

誹謗《ひぼう》中傷コメントが話題になりがちなXやYouTube、インスタグラムなどのSNSには、クリエイティブな批評空間もあり、分析力のある人たちが書くコメントも見つけることができます。

こういう批評空間に出会う秘訣《ひけつ》は、どんどんスワイプしていくことです。一つ動画を観たら、そこで紹介しているおすすめに移り、その動画を観たらまた次のおすすめに行くといった具合に次々と移っていくと、知らない世界にたどり着きます。

本でも音楽でも、コメント欄にあるおすすめにはまずは乗ってみる。こちらの頭は固定化しがちなので、そういう素直さは大切です。


せっかく知力を磨いているのですから、「語彙力」のアップも意識したいポイントです。


「この人、知力あるな」と思わせるのは、使う語彙の数です。会話の中でも、メールでも語彙の密度があれば、高い知力を感じます。

語彙とはその名のとおり、「語句（言葉）」の「集まり」という意味です。

日本語を母語とする私たちで言えば、「どれだけ多くの日本語を知っているか」を測る言葉として「語彙力」があります。

日本語の九十パーセントを理解するために必要な語彙数は、およそ一万と言われています。ところが英語は日本語の三分の一にも満たない三千語、スペイン語やフランス語にいたっては二千語足らずで、その言語を九割理解できるのです。

つまり、日常のコミュニケーションを円滑に進めたり文章を読んだりするために、私たち日本人はスペイン人の五倍の語彙を持たなくてはならない、ということです。

だからこそ、意識してインプットした人とそうでない人で、教養の差が生まれやすいのです。

もちろん読書していれば自ずと語彙は増えますが、語彙力もまた鍛えることができるのです。とはいえ辞書的な暗記は一切不要です。

◆口癖を、他の言葉に置き換える

まずは家族や知人ら周囲の人々に、自分の口癖を聞いてみてください。もしくは会話を録音してみましょう。

口癖は、一日に何回も使う、答えに窮した時や人の話を聞いている時など、特定の場面で使う常套句、思考していない時に口から出る——といった特徴があります。

次に、口癖を封印します。

封印するのは思った以上に効果があります。二週間もたてば、NGワードの存在を忘れてしまうほど、当たり前に口にしなくなっているでしょう。

そして、自分にとってのNGワードを他の言葉で置き換える意識を持ちましょう。

最初は手持ちの言葉で言い換える習慣をつけるところから始めます。例えばNGワードが「すごい」だったとします。口にしようとした瞬間にすかさず、「具体的には？」と問いかけるのです。立ち止まって、自分の考えを整理して、言語化していきます。

単純なワードを口にした後に、具体的な描写に移る癖をつけると、バランスの良いコメントができます。具体的な描写は三つあると訓練になります。

「この肉じゃが、おいしいね」↓「具体的には？」↓「ジャガイモがほっくりしているし、甘さがちょうどいい。出汁の染み方も絶妙」という具合に、描写を三つ重ねることを習慣にします。

◆語彙をインプットする

語彙のインプットには、名著を読むのが近道です。

人が考えたことの集大成であるエッセイに触れるのもおすすめです。

一流の書き手による文章は、考え方と語彙がセットになっているものです。どういう言葉を使い、どのような説明をして、どのような言い回しを用いるかには、その人の思考がそのまま表れます。

三島由紀夫《みしまゆきお》の『不道徳教育講座』（角川文庫）を読むと、極端なことを言いつつも、決して下品ではなく、じつに端正かつ知性あふれる言葉をセレクトしていることに驚きます。「知性のある不道徳」とも言えるものの見方が、だんだん自分に乗り移ってくる感覚があり、読み終わったあとは、街を歩き、思索にふけったものです。

独特な思考回路によって生まれた表現全体をインプットすることで、ただ「文体」だけを模写するのとはまた違い、クリエイティブなものの見方までしみ込んでくるわけです。

語彙力収集のコストパフォーマンスがいいのは、ドストエフスキーの作品です。重厚長大だと敬遠しがちですが、『カラマーゾフの兄弟』『罪と罰』『白痴』『悪霊』『未成年』の五大長編はいずれも、人生の課題図書と言ってもいいでしょう。日本文学とはまったく違う、ロシア文学独特の世界がそこには広がっているがゆえに、その語彙に刺激を受けるのです。結果として非常に効率よくインプットの量を増やせます。

『罪と罰』の中で、罪を犯したラスコーリニコフに対して、ソーニャがこのように言い放つシーンがあります。

「いますぐ、すぐに行って、十字路に立つんです、おじぎをして、まず、あなたが汚した大地に接吻《せっぷん》なさい。それから四方を向いて、全世界におじぎをなさい。そしてみなに聞こえるように、『私は人を殺しました!』と言うんです」

（ドストエフスキー著『罪と罰』江川卓訳　岩波文庫）

現代日本人にはなかなかない感覚です。毎年、学生に『カラマーゾフの兄弟』を読んでもらうようにしていますが、読む前と後では、語彙の水準が変わるのが手に取るようにわかります。

人間力と語彙力を磨きたければ、『論語』がおすすめです。

『論語』は孔子と弟子たちとの問答をまとめたもので、『大学《だいがく》』『中庸《ちゅうよう》』『孟子《もうし》』と並んで儒教の四書に数えられる書物です。紀元前五世紀ごろに生きた人の言葉とは信じられないくらい、現代の私たちにも響く言葉が収められています。

そもそも『論語』を読んだことのない現代日本人のあいだでも、その精神は深いところで息づいています。そのため、教養を広げると同時に思考を磨く効果も期待できます。今私たちが普通に使っている慣用句や言い回しには、『論語』発だったという言葉が多いのです。

例えば「巧言令色、鮮《すくな》し仁」。言葉巧みで誰にでも愛想がいい人間は、信用できないということです。「義を見てせざるは、勇無きなり」は、すべきことがわかっていて行動しないのは、勇気がないからだと言います。

孔子の言葉は教養として身につけて、すらりと口にしたいものです。

仏教の教えから出てきた言葉もインプットしたいものの一つです。

日本語には仏教由来の言葉も多く息づいています。「色即是空」「行雲流水」など、心がざわざわと落ち着かない時、こんな言葉をノートに書くだけでもずいぶんほっとするものです。

「色即是空」は、この世にあるものは固有の本質を持っておらず、「空」であること（「空即是色」と併せて仏教の基本的な教義）。「行雲流水」は、空に浮かぶ雲や流れる水のように、ものごとに執着せず、自然にまかせることです。

仏教に関する書籍としては、『般若心経《はんにゃしんぎょう》』を現代語訳にしたものがいくつか出版されています（玄侑宗久著『現代語訳　般若心経』ちくま新書他）ので、まずは生きるうえで私たちが見失いがちな「知」を味わってみてください。

インプットできる素材は本以外にも私たちの生活を取り巻いています。良質なテレビ番組を選べば、言葉を磨くことができます。

テレビ番組は、専門的な情報を限られた時間内に詰め込み、いかにわかりやすく伝えるかを考え尽くされたコンテンツです。ニュース番組や「NHKスペシャル」、「100分 de 名著」。「ワールドビジネスサテライト」といった経済系の番組、「開運!なんでも鑑定団」「新美の巨人たち」「チコちゃんに叱られる!」などの教養・知識系の番組からは、気楽に有益な情報を得られます。

ドラマの脚本にも語彙のヒントがたくさんあります。新しいドラマが始まろうとする時に注目されるのはどちらかといえば俳優陣ですが、これからはドラマで使われている言葉にも注目して観てください。

登場人物が早口でまくしたてる、情報量の多いドラマは効果絶大です。しばらくその登場人物の会話のテンポになじんでいると、観終わったあと、あなたもつられてついつい早口になっているはずです。

語彙トレーニングを意識するのであれば、洋画は日本語字幕で観ることをおすすめします。字幕には、翻訳と語彙の妙が詰まっているからです。

◆使いこなせるまでアウトプット

インプットの訓練に続いては、アウトプットの訓練です。

文学作品は、著者が培った精神文化をたっぷり宿しています。先に紹介したドストエフスキーなどの翻訳作品は、語彙やフレーズを生み出したものの考え方そのものが日本語にはない種類のものです。

本全体を覆う世界観やリズムは、音読し、暗唱できるくらいになれば、夏目漱石でも太宰治でも、シェイクスピアやニーチェ、ドストエフスキーでも、彼らの語彙や文体が渾然《こんぜん》一体となってしみつく感覚を得られるはずです。

全文を音読しなくて構いません。三〜四ページの「セレクト音読」でいいのです。感情をこめて音読できる箇所を探しましょう。

ただ音読するだけでなく、感情を込めて、身振り手振りもつけて思い切り演じてみることが、アウトプットの極意です。

時々学生たちにもやってもらうのですが、普段のしゃべり言葉と違う語彙を使った作品を選ぶと吹っ切れるのか、感情を込めて演じても恥ずかしくないようです。

シェイクスピア作品はそもそも芝居の台本ですし、太宰治の『人間失格』も演じるにはいいようです。

なぜ演じる必要があるかというと、登場人物や語り手の気持ちに入り込むことで身体への残り方がまったく違うからです。一度演じてしまえば、他の箇所は黙読で済ませても、頭の中で無意識に抑揚をつけて読むようになります。

「演じる」という感覚は、現代に生きる日本人が失ってしまったものです。

江戸時代には、歌舞伎を見に行った町民が、家族や友人に再現してみせるという文化がありました。

「あいつ今なにしてる?」(テレビ朝日系)という番組を観ていたら、人気俳優の大泉洋《おおいずみよう》さんが、高校時代、話題のドラマを観た翌日、クラスメートの前で再現してみせていたことを話していました。インプットしたものを、自分の身体でアウトプットしてみることの好例です。

大泉さんはこうやって、語彙力を身につけてきたのでしょう。

この人の話が抜群に面白い理由の一つは、こんなところにあるかもしれません。

◆身体を使う読書法「素読」

今紹介した「インプットした瞬間にアウトプットする」方法とは別に、「アウトプットと同時にインプットする」方法があります。これは「素読《そどく》」の極意です。「やばい」「まじ」「かわいい」。若者たちのおしゃべりを聞いていると、同じような語彙が多用されています。

その原因は、素読文化の衰退にある、と私は考えています。

素読とは、とりあえず声に出して本を読むことです。意味をじっくり考えて頭で読む「精読」とは違い、身体を使って読むため、私は「身読《みどく》」とも呼んでいます。

幕末・明治初期まで、日本ではごく普通に素読が行われていました。

寺子屋では子どもたちが、師範が読み上げた文章に続いて「子曰《のたまわ》く〜」と『論語』を読み上げていたのはご存じでしょう。小学生くらいの年齢で『論語』の語彙やリズム、思想を身につけた明治時代の人と、まったく素読の経験がない現代人。語彙力、特に漢熟語の語彙が当時の人に見劣りするのは、なんら不思議なことではありません。

『実語教』と『童子教』は、千年もの間、素読の教科書として用いられてきました。貴重なものなので、現代の素読テキストとして出版し直したことがあります（『人生がさらに面白くなる　60歳からの実語教／童子教』致知出版社、他）。

素読に使いたいのは、やはり小説や古典、名著のハイライトです。

小説は心情描写やストーリーの面白さもさることながら、やはりその表現力の豊かさには、評論文や実用書にはないものがあります。歴史を超えて残っている古典は「本物」であり、「本物」をインプットすることは、ダイレクトに教養に結びつくのです。

私は毎年、学生にはまずドイツの哲学者、ニーチェの『ツァラトゥストラ』を買ってもらい、まったく触れたこともない状態から、素読を始めます。

ニーチェの文章は、哲学的であり、詩的でもあります。最初は癖のある文章や「何のこっちゃ？」と言いたくなるような言い回しに苦戦していた学生も、しばらく読み進めるうちにどんどんニーチェ特有のリズムに慣れていきます。

そうなった頃、ニーチェの文体でエッセイを書く課題を出します。

そんなの無理だ、と思いますか？　それが、できるんです。素読によって、思想や考え方が表れている言い回し、言葉の選び方がインプットされると、それを使って文体模写（アウトプット）ができるようになり、身体にしみ込んだ「人物」が浮かび上がってくるのです。

第六章　先達に学ぶ老い

本書では、老いに向かう心構えや準備について、さまざまにお話してきました。第一章では老いを自覚し始めた際の心の整え方を。第二章では若々しくいられる声の出し方、話し方を。第三章では頭の整え方、第四章では身体の整え方、そして第五章では読書を通した脳の鍛え方を考えてきました。

これらはすべて連動して、私たちのこれからの人生を生き生きとしたものにしてくれます。その根底を支えるのが知力です。

第六章では刺激的で、頭と心を揺さぶってくれる作品の数々を紹介します。知に圧倒されることもあれば、身近に老いを感じつつも面白さの中に知力の光を感じるものもあります。老いの見方を少しずらす時に役立つ本もあります。

◆虚実の「実」の世界の、壮絶な執筆

(山田風太郎著『八犬伝』角川文庫上・下巻)

先述しましたが、二〇二四年秋に公開された映画「八犬伝」の原作です。滝沢馬琴が書いた『南総里見八犬傳』の物語の虚構の世界と、馬琴が執筆に臨む現実の世界が交互に描かれていきます。時折ふらりと訪ねてくる浮世絵師の葛飾北斎《かつしかほくさい》を相手に、馬琴がその時々で構想中の腹案を語るという形でストーリーが進みます。

馬琴は実の世界で正義は負けてしまいがちだからこそ、『八犬傳』という虚の世界では正義に勝たせたいという思いを抱いている人です。芝居「東海道四谷怪談《とうかいどうよつやかいだん》」の作者、鶴屋南北《つるやなんぼく》は、その馬琴を揺さぶってきます。

馬琴が「ツジツマの合わん浮世だからこそ、ツジツマの合う世界を見せてやるのだ」と言えば、南北が「しかし、それは無意味な努力ではございますまいか？」と返します。「お前さんの世界は有害だ」と言いつのる馬琴に、南北は「あたしは、有害のほうが無意味より、まだ意味があるのじゃないかと考えているんで。……」と笑います。

南北の芝居は、現実の世界を皮肉る作風で知られます。要するに、正義が勝つという話はしょせん絵空事、現実を皮肉る方がリアリティがあると南北は言っているのです。

この虚と実のせめぎあいは物語の柱になっています。家族との生活を「実」とし、戯作を「虚」だと言う馬琴に対して、北斎は仕事が「実」、家族が「虚」だと言います。この姿勢の違いが彼らの生活ぶりを表しています。手堅く家族を背負い込む馬琴と、引っ越しを繰り返し、家族をほったらかした北斎と、対照的なありようです。

ところがそんな馬琴の息子、宗伯《そうはく》が亡くなってしまいます。「自分のいままでのすべての生活はこの子の未来のためにあった。『八犬傳』などという著作さえ、そのための手段であったと信じる馬琴は、いま心のうす闇《やみ》の中に、すべてが崩壊するとどろきをきいていた」というほどその絶望は深いものでした。

校正などで執筆を助けた宗伯を亡くした馬琴は、ついに眼病が進んで目が見えなくなります。宗伯の妻お路《みち》が口述筆記を申し出るものの、一字一字教えながらの執筆です。さすがの馬琴も音を上げますが、この嫁は「お路の無学を叱ってください！」とくらいつきます。壮絶な執筆風景です。

ある日、そうやって書き継ぐ二人の姿を見た北斎は、何も言わず立ち去ります。この時の北斎の感慨に、胸を衝《つ》かれました。

◆退屈に倦み悪魔の誘いに乗る

（ヨハン・ヴォルフガング・フォン・ゲーテ著『ファウスト』手塚富雄訳　中公文庫　一・二部）

ドイツの文豪ゲーテの代表作と言われる詩劇です。

ファウスト博士がメフィストフェレス（悪魔）と契約して若返り、時代を超えてさまざまな経験をするストーリーです。テーマは青春を取り返すということについてです。

メフィストフェレスが現れる前、あらゆることを学んだ末にファウストは退屈に倦《う》んでいました。

「こうしておれは哲学も、法学も医学も、いまいましいことには役にもたたぬ神学まで、あらん限りの力を絞って、底の底まで研究した。そのあげくがこの通り愚かなあわれなおれだ。以前にくらべてちっとも賢くなってはいない」

こう嘆いています。やるだけやったのにむなしくて仕方ないのです。

「おれは怖《お》じ気や気迷いに取りつかれることはない。地獄も悪魔もおそれはせぬ。そのかわり、おれにはいっさいの喜びがなくなった」

こんなふうに、もう感性も鈍っている状態です。

「いったいこの世界を奥の奥で統《す》べているものは何か、それが知りたい、そこではたらいているあらゆる力、あらゆる種子、それが観《み》たい。そうすればもうがらくた言葉を掻《か》きまわす必要もなくなるだろうと思ったのだ」

悲痛な叫びです。

「あらゆる知識の垢《あか》を洗いおとして、おまえの露にぬれてすこやかな自分にもどりたい」

健やかな素直な自分に戻りたいわけです。そこで地霊にすがろうと呪文《じゅもん》を唱えて呼び出します。ファウストは青春時代のときめきをもう一度と心から願っているのです。

「そのときこの歌は、青春の快活な遊びを、春の祭の自由な幸福を、告げ知らしたのだ」

するとメフィストフェレスが甘言を弄して誘ってきます。

「血も心も凍りつく孤独の生活から、ひろい世界へあなたをさそい出そうというのですよ」

退屈は孤独でもあります。もうそれらを持て余すのはやめなさいと、ファウストを連れ出そうとします。ある瞬間を永遠にしたいと思うほど感動して、「『とまれ。おまえはじつに美しいから』と言ったら」、魂を悪魔に渡すという契約をすることになるのです。

こうしてファウストは若返り、恋をして、彼女の生と死を賭《か》けて長い旅をすることになります。果たして彼は契約のあの言葉を口にしたのか。どんな終幕が待っているでしょうか。

◆磁力ある土地に満ちる孤独と死

（ガブリエル・ガルシア＝マルケス著『百年の孤独』鼓直訳　新潮文庫）

コロンビア出身の作家による『百年の孤独』が日本で翻訳出版されてから五十二年、初の文庫が二〇二四年に刊行されました。

舞台は海を求めて旅した人々が夢破れて建てた村、マコンドです。この村が町に発展し、さらに繁栄して、衰退していく中で、七代にわたる一族の歴史が語られていきます。「老衰で死んだ者もいないんだ」というマコンドに、孤独と死が満ちていきます。

孤独と死はリアルな場合もありますが、この地では不思議な形でも現れます。「伝染性の不眠症」が蔓延《まんえん》したことがあります。昔の思い出も、物の名称も観念も、周囲の人々もついには自己の意識も消えるというのです。まるで認知症のことを言っているかのようですが、これを「人間にありがちなただの度忘れではなく、（中略）死の忘却だったのだ」と記します。

かつて殺した敵が現れもします。死者の言い分が振るっています。「死んでから月日がたつにつれて、生きている者を恋うる心はいよいよ強く、友欲しさもつのるばかり、死のなかにも存在する別の死の間近なことに激しい恐怖を感じて」、最大の敵である男に愛情を抱くようになったというわけです。

こんなことが起きる土地の磁力に徐々にはまっていきます。

一族の始まりは、ホセ・アルカディオ・ブエンディアと、ウルスラ・イグアランの夫婦です。ホセ・アルカディオ・ブエンディアは錬金術に血道を上げた挙句、暴れまわり栗の木にしばりつけられます。彼がつぶやく奇妙な言葉は、後にラテン語だったことがわかります。息子の一人は反政府運動に身を投じ、「三十二回も反乱を起こし、そのつど敗北した。十七人の女にそれぞれひとりずつ、計十七人の子供を産ませた」。

登場するのは男も女もみんな奇矯《ききょう》な人物ばかり。戯画化された人々が、血と性と愛が渦巻く世界を織りなして、とどまることを知りません。

このとりとめのない一族を支えてきたのは、ウルスラ・イグアランです。百二十歳を優に超えて生き、時に老いにとらわれながら家族をつなぎとめるべく奮闘します。長い時を経て、彼女が抱く感慨こそが、「百年の孤独」の意味を象徴しているのかもしれません。

そして、ウルスラ亡き後のブエンディア家は、どうなったか。一族がたどり着いた先にあったものに愕然《がくぜん》とします。

◆どうにもならない「荒ぶる血」

（佐藤愛子著『血脈』文春文庫上・中・下巻）

痛快エッセイ『九十歳。何がめでたい』（小学館）が話題になった作家、佐藤《さとう》愛子《あいこ》さんが手がけた、生家の一族の物語です。この一族には「荒ぶる血」が流れていました。

愛子さんの父は、『あゝ玉杯に花うけて』などの小説で当代随一の人気を誇った作家、佐藤紅緑《こうろく》です。この紅緑が妻と四人の子を捨て、若い女優、横田シナに走りました。後に愛子さんの母となる女性です。

これがすべての始まりでした。彼は以前から、他の女性との間に二人の男児がいました。

紅緑は家に居つかず、妻は母の役割を果たしません。女中や書生はたくさんいますが、荒涼たる家族の風景が広がります。息子たちは手に負えない問題児ばかりです。紅緑はなにかあれば金を出すだけ。現代で言えば毒親でしょう。

たまりかねた周囲の人は「愛を……いや、せめて節《たかし》くん（注・次男のこと）たちに同情を持ってあげて下さいませんか」と言いますが、わかっていても紅緑はできません。

「自分で自分をどうすることも出来ない怖ろしい情念の力に捉《とら》えられたが最後、自分を制御《せいぎょ》出来なくなって彼はいつも負けてきた」からです。その一方で、少年小説で人気を博し、「正義と勇気と友情と誇《ほこり》」を書いているのです。

著者は紅緑の人間性に踏み入るのですが、断罪することなく淡々と記す父と子の相克は、むしろそれゆえに圧巻と言えます。

やがて紅緑も老いてゆきます。筆力は落ち、記憶はあいまいになり、孤独にとらわれ不眠となります。その不安感を著者は極めて冷徹にこう書きます。

「本を読もうとしても文字が頭に入らず、想念は拡散して暗い靄《もや》のようなものに取り巻かれ呼吸を塞《ふさ》がれていく。いや、靄ではない、目に見えぬ壁だ。壁が彼と、妻を含めたすべての外界との間に立ちはだかるのだ。外界が後退《あとずさ》りして彼は真空の中にただ一人、ぞっとするような孤絶感に縛られて身動きも出来ず喘《あえ》いでいる」

紹介するのが遅くなりましたが、著者の腹違いの長兄は詩人で童謡作家のサトウハチローです。敗戦後の日本に明るく響いた歌謡曲「リンゴの唄《うた》」や、童謡「ちいさい秋みつけた」などを作詞しました。ハチローも父に負けていません。三人の妻との間に五人の子がいて、奇行も繰り返します。筆は兄たち、甥《おい》たち、そして自身のことにも及びます。

常道を逸した人たちですが、そこにどうにもならない人間存在というか、人間の哀れさを感じてしまうのです。

◆スーツが似合わなくなる

（内館牧子著『終わった人』講談社文庫）

「定年」に切り込み、単行本が出版された二〇一五年に大反響を巻き起こした小説です。

主人公は田代壮介《たしろそうすけ》、六十三歳。盛岡《もりおか》市出身、東京大学法学部を卒業してメガバンクに就職しました。途中で出向や転籍を経験し、最後は子会社の専務取締役だったため、この歳での定年となりました。

何もすることがなく、温泉に行こうと思い立っても、美容室で働いている妻は相手にしてくれません。仕方なくスポーツジムに行ったり、カルチャーセンターに行ってみたり。中元は激減し、「終わった人」と思い知らされる日々を送っています。壮介が口にする愚痴は、思わず自分で言いそうなリアルさです。

内館《うちだて》さんは朝の連続テレビ小説「ひらり」や、大河ドラマ「毛利元就《もうりもとなり》」を手がけた脚本家だけあって、セリフが秀逸です。

例えば、思いがけず再就職でき、久しぶりに行った銀座《ぎんざ》のクラブのママはこんなことを言います。

「仕事を離れて、スーツにふさわしい息をしていない男には、スーツは似合わなくなるのよ」

再就職して顧問になった会社では波乱に見舞われ、窮地に陥ります。なんとかそれを乗り越えた時の壮介の感慨が、やけに身にしみます。

「先が短いという幸せは、どん底の人間をどれほど楽にしてくれることだろう。（中略）嫌いな人とはメシを食わず、気が向かない場所には行かず、好かれようと思わず、何を言われようと、どんなことに見舞われようと『どこ吹く風』で好きなように生きればいい」

この後もう一波乱あるのですが、壮介に寄り添って読み終わってみれば、なにやらさわやかな風が吹き、元気が湧いてきます。

内館さんには本書に続く『すぐ死ぬんだから』『今度生まれたら』『迷惑な終活』など、コミカルに問題の所在に迫る〝高齢者小説〟があります。

◆従来の読みと違う観点を

（向田邦子原作『阿修羅のごとく』文春文庫）

年老いた父親に愛人がいた！　こんな衝撃に頭を抱える四姉妹の悲喜こもごもが描かれる、向田邦子《むこうだくにこ》の代表作です。

七十歳を間近にした竹沢恒太郎は、定年退職し週二回、知人の会社を手伝っています。「冗談を言うでなく、声を出して笑うでもなく、相変わらず謹厳で頑固な家父長だった」。ちなみに妻は健在です。

向田もまた、脚本家からキャリアをスタートした作家です。本書は昭和五十年代半ばに放送されたドラマを元にしています。当時、家父長制の影を引きずる男性はまだいたのです。さらに父の行状に悩む姉妹に、次女の夫は言います。「今の七十は昔の五十だね」。こちらは現代の感覚と同じだと思います。

そんな折、ある投稿が新聞の投書欄に載ります。

「（前略）うちは三人姉妹だが（中略）つい最近、偶然なことから、老いた父に、ひそかにつきあっている女性のいることがわかってしまった」「老いた母は、なにも知らず、共白髪《ともしらが》を信じて、おだやかに暮らしている。私たち姉妹は集まっては溜息をつく。（中略）波風を立てずに過ごすのが本当に女の幸福なのか、そんなことを考えさせられる今日この頃である」

我が家のことだと直感した姉妹は、誰が書いたのか詮索《せんさく》を始め、疑心暗鬼になります。そして誰が書いたか判明した時、読者は人間の心に巣くう阿修羅《あしゅら》にぞっとするのです。

この作品は従来は女性の立場で読むことが多かったのですが、老いという観点から恒太郎に焦点を当てると、味わいがまた違ってきます。

その後事態は思わぬ展開を見せますが、日々の生活は続きます。娘たちは四十代から二十代とまだ若く、恒太郎は彼女たちの心に住まう阿修羅につき合い、いなしていかなければなりません。恒太郎の孤独は募り、葛藤は続きます。

終幕の彼の姿に、あなたは何を見るでしょうか。

◆夫も子どももどうしようもない！

（桐野夏生著『魂萌え！』新潮文庫　上・下巻）


夫が急逝し、一人取り残された妻が直面するリアルな現実に切り込んだ作品です。

定年退職し、趣味の蕎麦《そば》打ちから帰宅した夫隆之《たかゆき》が倒れ、亡くなってしまいます。急なことで、専業主婦だった妻の関口敏子《としこ》、五十九歳は呆然《ぼうぜん》とするばかり。ところが、隆之は倒れた当日、蕎麦打ちに行っていなかったことが発覚。愛人がいたのです。しかも二人のつき合いは十年に及ぶことがわかり、敏子は号泣するのでした（またまた愛人の話ですみません）。

そんな状況を知らない息子は、遺産相続を迫ります。しかしそのためには家を売り、わずかな預金も分けなくてはなりません。たまりかねた敏子はプチ家出を敢行し、カプセルホテルに泊まります。

とうとう子どもたちの甘えに切れた敏子は、憤懣《ふんまん》をぶちまけます。以前相談した友人に「敏ちゃんがもっと子供たちを怒ればいいんじゃないかしら」と言われていたのですが、その時は意味がわかりませんでした。ようやく「自分は怒りを胸に溜《た》めていたのだ」と気づき、友人が言った意味を理解します。家の売却も、預金や生命保険の分割も断固拒否する決断を下しました。

こうして世間知らずの敏子に次々と難問が押し寄せ、妻でもなく、母でもない一人の女性として生きる奮闘が始まります。

もちろんすんなりとはいきません。例えば外出時につけるネックレスを決められません。

どうして自分はこんなに自信がないのだろうと考え、「これまでは、出かける時に隆之の目があったから、何となく安心していたのだと気付き、老人の一人暮らしとは、自信喪失との戦いでもある」とため息を漏らしたりします。

恋のアバンチュールがあったり、夫の愛人と修羅場を演じてみたり。あちこちで石ころにつまずきつつも歩みを進める敏子に、夫と子のために自分を犠牲にして生きてきた多くの妻たちの、これからが重なる思いがします。

◆孤独が暴れる一人暮らし

（若竹千佐子著『おらおらでひとりいぐも』河出文庫）

孤独に向き合うことを描いた作品です。東北弁が効果的に使われ、そのリズムを味わっているうちに、徐々に作品の世界が像を結んできます。

主人公の日高桃子は現在七十四歳、東京郊外の新興住宅地で一人暮らしをしています。ねずみが立てる音に合わせて茶をすすっていると、ジャズのセッションのように声がせめぎ合い重なり合って響いてきます。

「だいじょぶだ、おめには、おらがついでっから。おめとおらは最後まで一緒だがら／あいやぁ、そういうおめは誰なのよ／決まってっぺだら。おらだば、おめだ。おめだば、おらだ」

二十四歳で故郷を飛び出しましたが、東北弁は桃子の最古層をなしています。後から生きるために採用したさまざまな層があります。かつては方言に素直になれない自分がいましたが、今は思考を東北弁が占めます。これも歳をとったためでしょうか。

捨てた故郷や、疎遠な子どもたちに思いを馳《は》せ、「孤独などなんということもないと自分に言い聞かせもし、もう十分に飼いならし、自在に操れると自負しても」いるはずが、「孤独が暴れる」のです。

唯一面白がって話を聞いてくれたのは夫の周造《しゅうぞう》でした。周造は桃子が「都会で見つけたふるさと」でしたが、十五年前、心筋梗塞《こうそく》であっけなく死んでしまいました。そして今、「周造、逢《あ》いたい」という切実な思いが生まれ、声が聞こえるわけです。

ところが寂しいだけで終わらない、業のようなものを桃子は抱えています。内省し続けた末に、ある孤独の境地を手にします。それはどんな孤独だったのか。桃子に寄り添えば、この境地が多少なりとも味わえるかもしれません。

◆じいちゃんに協力したい！

（羽田圭介著『スクラップ・アンド・ビルド』文春文庫）

若者の目から見た老いを描く〝介護小説〟なのですが、ただの介護ではないところが異色の作品です。

「早う迎えにきてほしか」

同居して三年ほどになる八十七歳の祖父の口癖です。今まで相手にしなかった孫の健斗は、ふと考えます。祖父が望んでいるのだから、「苦痛や恐怖心さえない穏やかな死」を迎える手助けをすべきではないかと。

二十八歳の健斗は幸いなことに会社を辞め、単発のアルバイトを時々しているだけの身。要は気力を失い、だらけていたのですが、死に向かう祖父に〝協力〟できるのは自分しかいないと思うのです。

そこで、食べ終わった皿を下げるとか、薬を飲む水をくむとか、身の回りのことは自分でやるよう祖父に強いてきたのを、率先して代わりに行うようになります。祖父の部屋からリビングに至る廊下の荷物などを片づけ、洗面所、台所の掃除をし、使いやすくする。「死にたい」という祖父の、衰えを早めるためです。

祖父のためになることをする生産的な時間の潰《つぶ》し方がなくなると、健斗は身体を鍛え始めました。

そんなことをしているうちに、施設で介護のプロがしているのは、例えば転倒されて責任問題になるのを避けるために、すぐ手を出す介護だとわかるようになりました。「足し算介護」です。「生きたい者にはバリアを与え厳しくし、死にたい者にはバリアを取り除き甘やかすというふうに、個別のやり方を考えるべきだろう」と憤りまで覚えます。一方でトレーニングのおかげで活力が湧き、生を謳歌したい気持ちがあふれてもきます。

時に見当違いな〝協力〟をして、逆に脳への刺激になることを繰り返しながら、健斗は祖父を見つめ続けます。この姿勢は健斗の中に共感を生み、寄り添うことにつながるのです。この結果、健斗がどうなっていくかは、多くの言を俟《ま》たないと思います。

◆殺し合いが浮き彫りにする欺瞞

（筒井康隆著『銀齢の果て』新潮文庫）

老舗《しにせ》菓子店の隠居、宇谷九一郎《くいちろう》、七十七歳が囲碁友達の正宗《まさむね》忠蔵を拳銃《けんじゅう》で殺す場面から物語の幕が開きます。ショッキングな出来事ですが、どうしたわけか殺す方にも殺される方にもある種の諦観《ていかん》が流れています。

そう、これは政府が始めた「老人相互処刑制度（シルバー・バトル）」だったのです。増大した老齢人口を調整するため、七十歳以上の国民に殺し合いをさせるのです。筒井《つつい》さん特有の強烈な諧謔《かいぎゃく》と哄笑《こうしょう》の中で、「長生きは悪なのか」と問いかける怪作です。

九一郎の町内でも期間一カ月のバトルが始まります。対象者は五十九人。武器は自力調達しなければならず、元自衛官はライフルを手に入れ、捕鯨に携わっていた者は銛《もり》を整備し、元動物園園丁は象を引きずり出します。それぞれの過去が武器を選ばせています。「昔取った杵柄」の力は、あなどれないのです。

共闘する者もあれば、座して死を待つ恐怖に耐えられず、一番恐ろしそうな人物のもとに身を寄せる者もあり、老人たちが見せる狂態は思わず笑ってしまう面白さです。

「かけがえのないこのわたしを殺さないで」と命乞《いのちご》いする者もいるし、政府は被災地の老人や身体障害者を対象外とする「良識」を見せもします。アイロニーたっぷりにバトルは描かれ、読むにつれて現代社会の欺瞞《ぎまん》が浮かび上がってくるように感じられます。これが、ブラックユーモアやナンセンスに満ちたタイプの作品を読む時の、醍醐味の一つと言えるでしょう。

そしてバトルが終わり、生き残った九一郎の姿には、最後の大きな皮肉の礫《つぶて》が待っているのです。

◆山の神さんにほめられたい

（深沢七郎著『楢山節考』中公文庫）

「うばすてやま」の民話は聞いたことがありますか？　本書はその「棄老伝説」を小説に昇華させたことで知られる作品です。

信州《しんしゅう》の山々の間にある村には、七十歳になると「楢山《ならやま》まいり」に行く風習がありました。この地域は食料に乏しく、口減らしのために老人が楢山に捨てられるのです。

山に行く日に雪が降れば、その人は運がいい人だと言い伝えられてきました。これは夏ではなく、冬に行くよう暗に示しているのです。捨てられた老人が寒さのために早く死ねるからです。

こうやって紹介すると陰湿ですが、主人公のおりんが気丈で、覚悟が決まっている人物であるがゆえに、淡々と読むことができます。かえって、死の覚悟とはこうありたいと感じ入るほどです。

村はずれにある家に住むおりんは六十九歳。亭主は既に死に、一人息子の辰平《たつへい》と、四人の孫と暮らしています。辰平の嫁は去年、谷に落ちて死んでしまいました。気にしていた後添えも迎えてほっとしています。

おりんは早くから楢山まいりの心づもりをしていました。山に行く前夜に出す振舞酒の準備も怠りなく、山で使う筵《むしろ》も三年前から作っていました。そしてもう一つ、石で叩《たた》いて歯を壊していました。

食料の乏しいこの村では、歯が丈夫なのは食い意地が張っていると見られ恥ずかしいことでした。楢山まいりに行く歳になっても歯が揃っていれば馬鹿にされます。だから、おりんは丈夫な歯を壊していたのです。

「早く行くだけ山の神さんにほめられるさ」

山に行くことが心の支えになり、素朴に日々を送るのです。

山の生活に気取りなどありません。貧しく荒々しい人間の姿に圧倒されつつ、死について考えるきっかけになる作品です。

◆枯渇しない、生きの好さ

（宇野千代著『生きて行く私』中公文庫）

宇野千代《うのちよ》は一九九六年、九十八歳でこの世を去りました。生涯で夫と言える人を四人持ち、奔放に生きた作家です。本書はそんな自らの歩みを率直につづった自伝で、発売された一九八三年にはミリオンセラーになりました。本の刊行時、八十五歳でした。

宇野は最初の結婚をしていた大正十一年、作家の尾崎士郎《おざきしろう》に紹介され、初顔合わせだったその日、そのまま彼が泊まっているホテルに居ついてしまったのです。やがて夫と離婚し、尾崎と結婚しました。

宇野が男性とつき合う時はいつもこんな感じです。尾崎と別れ、次につき合った画家、東郷青児《とうごうせいじ》の時も小説のために話を聞きに行って、その日から彼の家に住みつきます。

そして男と暮らし始めると、家を建てるのです。その理由をこう書きます。

「この私の習癖は何なのか。まるで、蝸牛《かたつむり》が、その殻を背負って這《は》い廻《まわ》るように、まず、家を建ててから放浪するとでも言うのか。いま始めようとする生活の不安定さを、まず、家を建てることによって定着させようとでもするのか」

「〜のか」と、まるで他人事《ひとごと》を分析するかのような書き方です。この客観視は随所に出てきます。だからこそ愛欲の遍歴がドロドロしたものではなく、ただ過去の記憶としてすんなり読むことができるのだと思います。

宇野はトータル十三軒の家を建てました。

「今度はこんな家が建てたいと思うと、思った瞬間に建て始める。(中略)凡《すべ》てのことに狐疑逡巡《こぎしゅんじゅん》することがないので、敢えて言えば、生きが好いのである。もう一つ、自慢して言えば、八十五歳になっても、九十歳になっても、生活の根源になるものが枯渇しないのだ」

「狐疑逡巡」とは狐が疑い深いように決心がつかず、ぐずぐずすることです。それが全くなく、あくなき好奇心を活力にしていたのです。

晩年に「私何だか死なないような気がするんですよ」とよく口にしていた作家の、生きてきた指針が本書には詰まっています。

◆八十代半ばの自覚が足りない

（語り手・詩　谷川俊太郎／聞き手・文　尾崎真理子『詩人なんて呼ばれて』新潮文庫）

当代きっての人気詩人、九十二歳で亡くなられた谷川俊太郎《たにかわしゅんたろう》さんの評伝です。聞き書きと詩も交えた構成になっています。

俊太郎さんは、哲学者、谷川徹三《てつぞう》を父に多喜子《たきこ》を母にして生まれた一人息子です。聞き手で文章も執筆した尾崎真理子《おざきまりこ》さんは、まずはこの両親の影響からひもときます。特に詩作や宮沢賢治の研究などした徹三の精神の影響を指摘します。そんな俊太郎さんは、若い頃どういう青年だったかというと、絶対的な幸福感を肯定していたようです。

「赤ん坊が生まれて、おぎゃーと泣いてよちよち歩きをして、よほどのことがなければ楽しそうに世界を探検して、ケタケタ笑ってるでしょ。それと同じ事ですよ。（中略）僕の究極の故郷は宇宙だという感覚を持った。（中略）そういう詩を十代の頃の僕は書いていた。絶望なんて、意地でも言うまい、って」

ここで言う十代の頃書いた詩を収録するデビュー作『二十億光年の孤独』は、半世紀過ぎても読まれ続けています。谷川作品について「古くならないばかりか、いつ読んでもそのたびに新しい」と言う尾崎さんに、谷川さんはこんな話をします。

「僕には若さに価値を置くという考え方がない。われわれ世代は若いことが素晴らしいのでなく、むしろ年寄りの方が偉いという育ち方をしている。僕自身、自分の若さが失われていくという意識があまり強くなくて、逆に自分が今、八十半ばの曾《そう》祖父であるという自覚のほうも足りなくて困るという感じ」

なんという精神の若さ。第三章で紹介した、小林秀雄が言うところの「命の持続感」を体現しているような言葉だと思います。

この稀有《けう》な詩人の精神性に触れることができる一冊です。

◆老人がすっかり少なくなった

（黒井千次著『老いのかたち』中公新書）

作家、黒井《くろい》千次《せんじ》さんがほぼ七十三歳から七十七歳にかけて執筆したエッセイ、テーマは「現代における老い」です。

冒頭の一編にこうあります。

「屢々《しばしば》意識するのは、こちらの現在年齢と、同じ歳であった当時の父の姿との違いだった。どうみても相手の方に落着きと貫禄が宿っていると思われた」

さらに別の一編では老年よりは若い人たちのことを、「初老という言葉を用いるとしても、初々しい初老、と形容詞を加えねばならぬような気がする」とも述べています。まさに今の私たちが感じていることと同じです。

人生の先輩が、昨今の老人がどう生きているかを考察した五十六編が収録されています。

鋭い指摘もあります。物によくぶつかるようになったという、あるあるの出来事に触れた一編です。

ぶつかるのは「気持ちばかりが先行し、身体の動きがそれに追いつかない」からだが、「必ずしも身体の方の遅ればかりに原因があるとはいえないような気もする」と言います。今、気持ちと動きのバランスの保持が難しいのは「老人の気持ちが老人の境地に安住しにくくなったからだろう」と喝破するのです。

「七十代の人に再会した折、昔とちっとも変りませんね、とその元気な様を祝福することはあっても、ああ、いい老人になったな、と感銘を受けることは稀《まれ》である。老人がすっかり少なくなってしまった。今存在するのは、扉や柱に頭をぶつけては顔をしかめる、歳月を重ねた気忙《きぜわ》しい人々ばかりであるような気のすることが多い」

言葉は明快で、研ぎ澄まされています。文学者が老いを見つめて、含蓄のある表現をしたエッセイを読むと、なんとなしに心が豊かになっていく感じがします。

本書はこの後『老いの味わい』『老いのゆくえ』と続き、二〇二四年に『老いの深み』が刊行されました。九十代に踏み込んだ新たな驚きと発見をつづっています。このシリーズは、いわば九十代までの参考書と言えるかもしれません。

◆違う角度から見る「よい老い方」

（畑村洋太郎著『老いの失敗学』朝日選書）


畑村洋太郎《はたむらようたろう》・東京大学名誉教授は機械工学の専門家ですが、失敗に着目し「失敗学」を提唱してきました。『失敗学のすすめ』（講談社文庫）をご存じの方も多いでしょう。

畑村さんが、「老い」と「失敗」には共通点があると気づいて執筆したのが本書です。こんなふうにちょっと異なる視点から老いを見てみると、頭を切り替えられて、気づきも多いかと思います。
失敗には「よい失敗」と「悪い失敗」があります。

「よい失敗は、人が成長する上で必ず経験しなければならない、必要な失敗です」

「手抜き、インチキ、不注意、誤判断などから生じるものが典型例で、これらに加えて、自分にとって意味があるものでもまわりに与える悪影響が大きかったり、心身が大きく傷つけられたりするような、自分にとって致命傷になるような失敗なども、経験する必要のない、避けるべき悪い失敗としています」

この説明から、「よい老い方」がぼんやりイメージできるのではないでしょうか。

「歳を取ってからは人間的な成長より、豊かな人生や充実した毎日を送ることのほうが大事です。（中略）これは失敗の場合と違って、行為や行動より、心の持ち方、考え方などが重要ではないかと思います」

ここからスタートして、例えば「初心者の失敗」「ベテランの失敗」を教えてくれます。

初心者の失敗は「手順をよく理解していなかったり、不慣れがゆえにうまくできずに起こして」しまいます。ベテランの失敗は「熟達した者が手抜きやインチキをすることで起こるもの」です。

このベテランの失敗が、老いの参考になります。能力の衰えは「初心者に戻ったかのように慎重に行動することは適切な対策になります」。でも初心者のように動くのはプライドが邪魔するかもしれません。ですから「老いの問題に向き合うときの心得として、謙虚になることが多くの問題解決につながることを覚えておくといいでしょう」とつけ加えています。

こうやって、失敗学からのヒントの数々を伝授してくれるのです。

おわりに

「芸術が心に宿ることで、心の遊びかたはずっと広まり、深まる」

「芸術には、あなたの固まって動かなかった心をほぐす力がある。

あなたの心を支え、寄り添ってくれる」

（篠田桃紅『一〇五歳、死ねないのも困るのよ』幻冬舎文庫）


どちらも百七歳で亡くなった篠田《しのだ》桃紅《とうこう》さんの言葉です。生涯現役を貫いた美術家で、百歳を超えてから執筆した生き方のエッセイは人気を博しました。

篠田さんの言葉の「芸術」を、「文化」と読み替えていいと思います。本書では、文化が私たちを支えてくれることを繰り返し述べてきました。文化は知性つまり知力と、教養として私たちに宿ります。

最近は五十代以降の方たちの間に、勉強熱とでもいうべき熱が高まっているようです。大人向けに勉強法を説いた本もよく売れています。

仕事をしている時に、「もっと勉強しておけばよかった」と勉強不足を痛感する場面があったのだと思います。子どもに手がかからなくなり、定年間近になったり、リタイアしたりした後、待ってましたとばかりに勉強に取り組むケースがたくさん見られます。現代には、知識、教養への渇望があるのです。

この夏、沖縄でトークイベントがありました。主催したのはジュンク堂書店那《な》覇《は》店さんです。並んでいる本の数が圧倒的で、沖縄の知力を支えている「知の殿堂」のような雰囲気があります。

演台につき会場を見回すと、沖縄の方々が本に対する情熱を持って集まってくださっていることがよくわかりました。子どもから高齢の方まで、本が知力を鍛えることに何の疑いも持っていない。こういう人たちが集まった空間は、とても空気がいいんです。

沖縄で教師をやっている、かつての教え子も来てくれていました。話をすると、三十年ぶりの再会だというんです。結局、そういう教え子が都合三人その場にいました。他の来場者の中にも、教師だという方がたくさんいました。

知を愛する人たち、知力を向上させたいと考えている人たちに接すると、手応えを感じます。三十年たってもこうやって教育、人が向上していくところでつながっている実感をしみじみと得て、大変心に残った夏の思い出となったのでした。

勉強と、知力の磨き方は差異があります。勉強は知識を吸収すること、いくら知識があっても使いこなせなければ、ただの雑学です。

知力は生きる力です。

生きている充実感には、身体の充実とともに知力の充実が大きな柱です。

六十代を迎え新しい生活を始める時こそ、自分の知力を磨く時です！

「知力を保つ」生き方を楽しみましょう！

二〇二四年九月

齋藤 孝

構成／内藤麻里子
装丁／國枝達也

齋藤 孝（さいとう　たかし）
1960年静岡県生まれ。明治大学文学部教授。東京大学法学部卒。同大学大学院教育学研究科博士課程等を経て現職。『身体感覚を取り戻す』（NHK出版）で新潮学芸賞（2001年）、『声に出して読みたい日本語』（草思社）で毎日出版文化賞特別賞（02年）受賞。同作はシリーズ260万部のベストセラーに。他著書に『読書力』『コミュニケーション力』（岩波書店）、『理想の国語教科書』（文藝春秋）、『上機嫌の作法』『語彙力こそが教養である』（KADOKAWA）等多数。NHK Eテレ「にほんごであそぼ」総合指導。

60代《だい》からの知力《ちりょく》の保《たも》ち方《かた》

2024年12月18日　初版発行

著者／齋藤《さいとう》 孝《たかし》

発行者／山下直久

発行／株式会社KADOKAWA
〒102-8177　東京都千代田区富士見2-13-3
電話　0570-002-301（ナビダイヤル）

印刷・製本／大日本印刷株式会社

●お問い合わせ
https://www.kadokawa.co.jp/（「お問い合わせ」へお進みください）
※内容によっては、お答えできない場合があります。
※サポートは日本国内のみとさせていただきます。
※Japanese text only

定価はカバーに表示してあります。

ISBN 978-4-04-115509-7　C0095